10
14

隠れた高校野球王国・群馬 監督たちの甲子園

上州から〝聖地〟を目指す11人の指揮官が語る
勝利マネジメント術

伊藤寿学

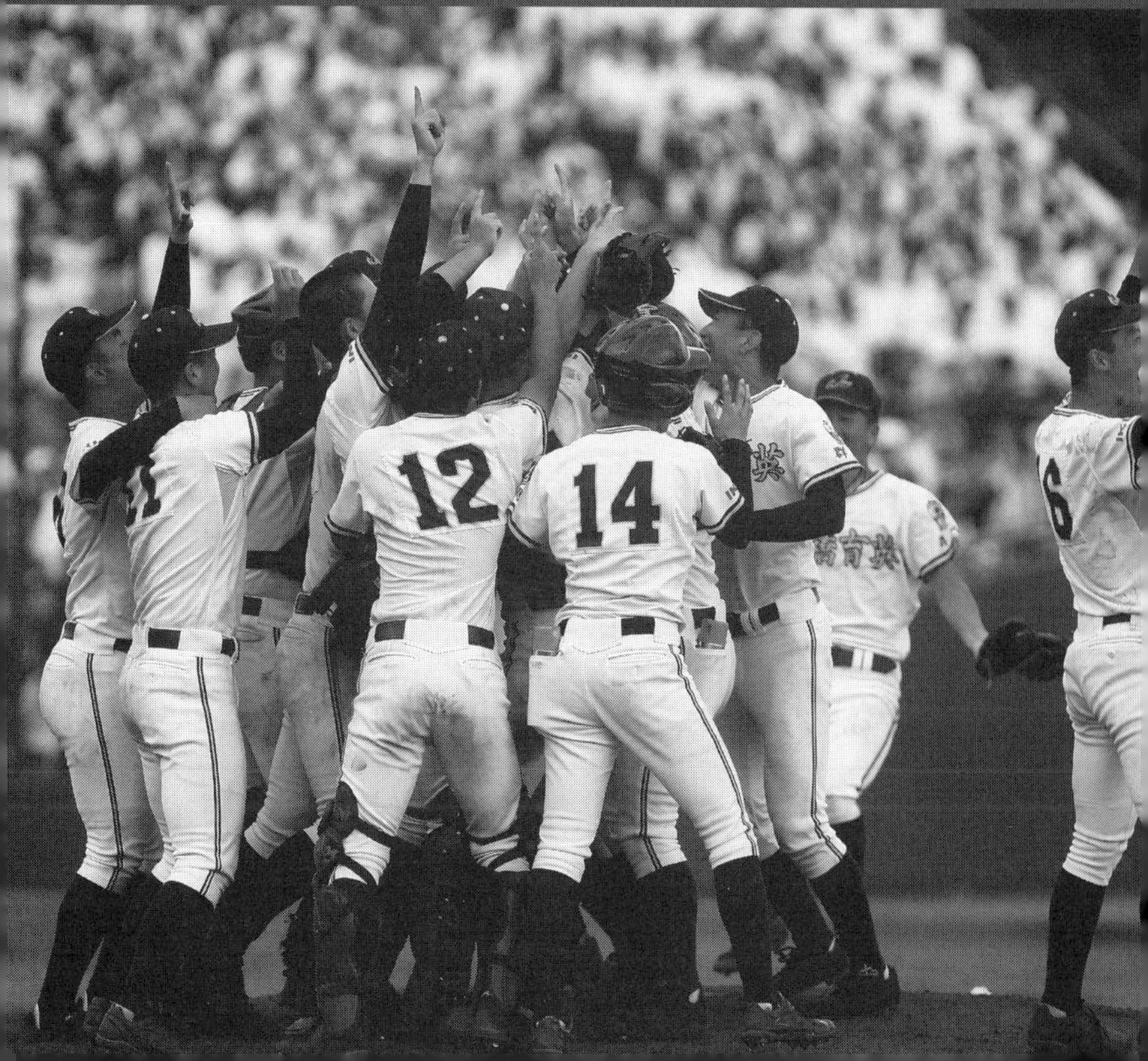

はじめに

群馬県は、隠れた高校野球王国だ。参加校は66校だが、夏の群馬大会の熱狂度は全国屈指。筆者は15年以上にわたり群馬の高校野球を取材してきた。群馬を舞台に甲子園を目指す監督たちの生き様、戦いぶり、指導法、お茶目っぷりを多くの人に伝えたい。純粋にそれだけの思いで、筆を取った。

群馬県の高校野球シーンは1999年夏に福田治男監督（現利根商監督）率いる桐生第一が初の全国制覇。群馬県勢としても初の快挙となった。2000年代は、桐生第一を軸に前橋商などが覇権を争った。2010年代からは新興勢力が加わり、群雄割拠の様相をみせていくことになる。

2011年に荒井直樹監督が指揮する前橋育英がセンバツ出場を決めると、同年夏には青柳博文監督が作り上げた健大高崎が初の甲子園出場を決める。健大高崎は「Be together」という英語タイトルの校歌を引っさげて甲子園デビューを果たすと、2012年のセンバツではベスト4へ進出。また同大会では、境原尚樹監督の指導を受けた伝統進学校・高崎が31年ぶりに聖地に立った。

2013年には、2年生エース髙橋光成（西武ライオンズ）を擁した前橋育英が夏甲子園初出場で初優勝。荒井監督が掲げる「凡事徹底」のスローガンが一躍脚光を浴びた。

その後も群馬県勢の勢いは止まらない。２０１４年には健大高崎が「機動破壊」というセンセーショナルな言葉を旗印に甲子園4試合で計26盗塁という数字を記録、全国にインパクトを与えた。上州はそこから前橋育英と健大高崎の2強時代へと突入していく。だが、桐生第一、前橋商ら伝統校をはじめとする公私実力校も負けてはいない。気鋭の若手指揮官たちもあの手この手を駆使して2強を追走していく。その争いが群馬県のレベルを一気に高めた。

高校野球の大会現場は、主に新聞社、スポーツ新聞の記者が取材に来ている。新聞社は数年ごとに異動や転勤があるため、同一記者がチームを追うのは2～3年が平均か。

高校野球は支持率の高いコンテンツだと思われるが、長きに渡って高校野球を取材する人は意外に少ないのが現状だ。地方では特に顕著で、２０２０年春からは新型コロナウイルス感染拡大の影響で取材が制限される中、監督の言葉が発信される機会も減少したように思う。こんなときだからこそ、群馬の指揮官の人柄や言葉を伝える監督本を出したい、いや出さなければいけない。勝手な使命感を発動させて取材を開始した。

15年間以上も試合を観てきたはずなのに、監督のことを知らなすぎた。大会取材では試合、選手、チームについて聞くことがほとんど。指揮官たちと膝を突き合わせていくと、知られざるストーリーのほか、敗戦の歴史の数々が浮かび上がってきた。

夏の甲子園切符は、東京、北海道を除いて各県1枚。当然、地方大会で優勝旗を手にするのは1校のみ。そのほかは必然的に敗者となる。監督たちはひたすらに敗戦を乗り越えて再びグラウンドへ立つ。そこには高校野球指導への飽くなき情熱があった。

今回の取材を通じて、多くの学びがあった。取材を終えたあとは、いつも気分が爽快になった。本来であれば指南書的に指揮官の言葉の一つひとつを記していくべきなのかもしれないが、指導や戦術に答えはないし、指揮官たちもそれを望んでいない気がした。筆者が長年の取材で見てきたシーンの数々をストーリー仕立てにして、監督たちの言葉を散りばめた。各章の物語を楽しみながら、野球技術、戦術、指導、組織マネジメント、そして生き方のヒントを感じ取ってもらえればと思う。

本書では11校の指揮官のストーリーを掲載した。当初は6～7校を予定していたが、制作を進めていくにつれて掲載校数が増えていくことになり、勝手ながら、甲子園経験のある監督、もしくは最近の群馬県大会でベスト4以上の成績という基準を設けさせてもらった。最終的には地域性も考慮して、出版社側と決定した。掲載できなかった指揮官については次回への宿題とさせてほしい。読者の方々、進路選択を考えている中学生に伝えたいことは、この11人の監督がすべてではないということ。この本が、群馬の高校野球、指揮官を知る、ひとつのきっかけになってくれればと思う。

最後になるが、コロナ禍、大会前にもかかわらず取材に応じてもらった監督、コーチ、関係者の方々に心からの感謝を伝えたい。取材、執筆を通じて、監督の人生をさらに知ったことで、今後の試合がさらに楽しめる気がしている。

高校野球王国・群馬　8

編集アシスタント：福岡春菜
カバー・本文写真提供：株式会社 beat writer
装幀・本文組版：布村英明
編集：柴田洋史（竹書房）

第1章

「不如人和《ふにょじんわ》」

健大高崎

青柳博文

Hirofumi Aoyagi

（あおやぎ・ひろふみ）

1972年6月1日、群馬県吾妻郡生まれ。前橋商－東北福祉大。大学卒業後に、自動車部品メーカー・橋本フォーミングに就職し、実業団軟式でプレー。2002年、健大高崎野球部創部時に着任し、監督就任。2011年夏甲子園初出場。2012年センバツ4強。甲子園出場8度（春5回、夏3回）。趣味は読書。社会科教諭。

高校野球界のベンチャー集団

高校野球界のベンチャー集団だ。健大高崎は、「機動破壊」というセンセーショナルなスローガンを引っさげて、群馬県高校野球界、そして甲子園に旋風を起こしてきた。2021年春もセンバツ出場を果たし、創部10年目の2011年に甲子園初出場を果たしてから2021年までの11年間で、センバツ5回、夏3回の計8回の甲子園出場となっている（2020年センバツはコロナ禍で中止、交流戦出場）。まだ全国制覇を成し遂げることはできていないが、8度の甲子園出場でベスト4進出が1回、ベスト8進出が3回という好成績を残している。甲子園大会では初戦ですべて勝利し、通算戦績は14勝7敗。脇本直人（元ロッテ）らを擁した2014年には1回戦から準々決勝までの4試合で計26盗塁を記録、ランナーが出るたびに、その一挙手一投足でスタンドをどよめかせた。虎視眈眈と次の塁

を狙う選手たちの眼光と勇気がチームブランディングとなり、魅力を高めている。2019、2020年には、強豪ひしめく秋季関東大会で2連覇。2019年には明治神宮大会で準優勝となった。2020年秋のチームはスタメン通算230本塁打の破壊力を備え、明治神宮大会制覇を狙える戦力が揃っていたが、コロナ禍で大会自体が中止になった。

結果のみならず、近年は高卒でプロ入りする選手が続く。2017年は湯浅大（巨人8位）、2018年は山下航汰（巨人育成1位）、2020年は下慎之介（ヤクルト育成1位）がプロの扉を叩いた。その戦いぶりと選手育成によって評価を著しく高める健大高崎だが「機動破壊」はあくまで旗印（戦術スローガン）で、部訓として「不如人和（ふにょじんわ）～人の和はすべてに勝る～」という言葉を前面に掲げているのは、あまり知られていない。創部当初チームの黎明期に青柳博文監督の心を動かしたこの言葉が、健大高崎の土台となっている。人の和。チーム作り、チームマネジメントはすべて「不如人和」につながっていく。この部訓から、健大高崎の進化の根源を探っていく。

実るほど頭を垂れる稲穂かな

健大高崎の練習場は、群馬県高崎市の校舎東側の井野川土手。もともとは雑草が生い茂る荒れ地だった場所を学校側が整備し、創部6年目の2007年に野球場が誕生した。まさにフィールド・オブ・ドリームス。

いまでこそグラウンド、部室、室内練習場、トレーニング施設などが揃っているが、ほんの14年前までは自前の球場がなく、学校敷地内のテニスコートほどのグラウンドで練習を積んだ。大会前には各グラウンドを転々とするジプシー生活で、他チームと合同練習をさせてもらったり、グラウンドを借りたりして力を蓄えていった。2002年の野球部創部から指揮を執る青柳監督は「グラウンドがない時代は、多くのチームに面倒をみてもらいました。あの恩はいまも忘れていませんし、忘れてはいけないと思います。お世話になってきたチームにはいまでも練習試合をやってもらいますし、多くを学ばせてもらっています」と頷く。

2007年に完成した専用グラウンド「健大スタジアム」だが、部室棟正面には日本学生野球憲章前文が畳1枚ほどのパネルで掲げられている。そこには、以下の前文が印字されている。

「国民が等しく教育を受ける権利をもつことは憲法が保障するところであり、学生野球は、この権利を実現すべき学校教育の一環として位置づけられる。この意味で、学生野球は経済的な対価を求めず、心と身体を鍛える場である。学生野球は、各校がそれぞれの教育理念に立って行う教育活動の一環として展開されることを基礎として、他校との試合や大会への参加等の交流を通じて、一層普遍的な教育的意味をもつものとなる。~略~」

高校野球指導にこだわりを持つ青柳監督は「我々がやっているのは、プロ野球ではなくて高校野球です。

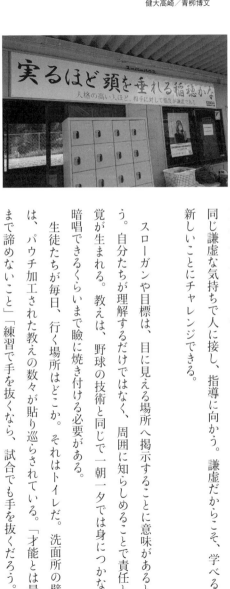

13　不如人和

健大高崎／青栁博文

高校という教育現場で野球をしているということを決して忘れてはいけないと思っています。学生野球は教育活動の一環で、その目的は人間育成です。一番大事なことなので、一番目立つ場所に掲げてあります」と、説明してくれた。その視点でグラウンド周りを見ていくと、壁という壁には、様々な教えが所狭しと貼ってある。その数は少なく見積もっても１００枚以上。それらは指揮官が感銘を受けた言葉、指揮官が大事にしている言葉の数々だ。その脇には「実るほど頭を垂れる稲穂かな～人格の高い人ほど、相手に対して態度が謙虚である～」。青栁監督は、チームが強くなった今も創部当時と同じ謙虚な気持ちで人に接し、指導に向かう。謙虚だからこそ、学べるし、新しいことにチャレンジできる。

スローガンや目標は、目に見える場所へ掲示することに意味があるという。自分たちが理解するだけではなく、周囲に知らしめることで責任と自覚が生まれる。教えは、野球の技術と同じで一朝一夕では身につかない。暗唱できるくらいまで瞼に焼き付ける必要がある。

生徒たちが毎日、行く場所はどこか。それはトイレだ。洗面所の壁には、パウチ加工された教えの数々が貼り巡らされている。「才能とは最後まで諦めないこと」「練習で手を抜くなら、試合でも手を抜くだろう。試合で手を抜くなら、人生でも手を抜くだろう」「チームワークとはみんなで戦う意気込みを構築すること」……。選手たちは、毎日、これらの言葉に触れながら、フィジカル・走塁・打撃のスペシャリストコーチたちが考案する最先端のトレーニングに励む。健大高崎は、古き良き文化を伝える「昭和」と、イノベーションを遂行する「令和」の融合体なのかもしれない。謙虚さという根を足元に張り巡らせて、学びという養分を吸い上げていく。

会社員から高校野球指導者へ

2011年の甲子園初出場以来、春夏通算8度の甲子園切符を勝ち取っている健大高崎だが、野球部創立は2002年。前身の女子高・群馬女子短大附が2001年に健大高崎に改称し共学化。野球部は同好会としてスタートし翌2002年に、正式に部となった。

2002年から初代として指揮を執る青柳監督は、1972年群馬県吾妻郡東吾妻町（旧吾妻町）生まれ。高校は前橋商に進学。1989年の秋季群馬県大会で優勝し、群馬1位で関東大会へ。初戦の大宮東（埼玉）戦で勝利し準々決勝へ進むと、センバツ当確を懸けた東海大甲府（山梨）とのゲームで激闘を演じた。息詰まる投手戦は0対0のまま延長戦にまでもつれ、勝負はどちらに転んでもおかしくなかったが、最終的に0対3で敗れた。ベスト8に終わったチームにとってセンバツは難しい状況になったと思われたが、準々

不如人和

健大高崎／青柳博文

決勝を不戦勝で勝ち上がり、ベスト4に進んだ春日部共栄（埼玉）が準決勝でコールド負けを喫した。当時の関東地区のセンバツ枠は5校。センバツ選考が混沌とした中で、ゲーム内容、総合力、地域性などが考慮されて、前橋商のセンバツ出場が決まった。

1990年のセンバツに、青柳監督は4番打者として出場した。しかし、初戦で、同大会準優勝となった新田（愛媛）とぶつかり、1対9で完敗を喫している。主砲・青柳のバットも空を切った。現役時代の甲子園はその壮大さと共に、苦い記憶として脳裏に焼き付いているという。「関東大会ではある程度戦えていたので自信を持って甲子園に行ったのですが、ぜんぜんバットに当たらなくて何もできずに帰ってきた思い出があります。全国には上がいるのだなと感じました。全国制覇は簡単にはできないと強く思いました」。指揮官は、その後、現役時代に果たせなかった「全国制覇」の夢を追っている。

高校卒業後は、東北福祉大へ進学、硬式野球部で4年間を過ごした。指導者の道を考えて社会の教職免許を取っていたが、大学卒業後は軟式野球「橋本フォーミング」（自動車部品メーカー）へ。本社は神奈川県だが、群馬県館林市に事業所と練習設備があり、社会人として働きながら軟式野球で4年間プレーすることになる。その後は、地元に戻って建設会社・久住土建に入社、地元クラブでプレーしながら30歳を迎えた。大学卒業からの8年間は、社会人として働きながら野球に携わる日々。2社ともに所属は、組織を管轄する総務部。会社、部署、組織をつなぎ、円滑に業務を進めていく仕事は、興味深かった。橋本フォーミング時代は組織図を眺めながらマネジメントの理解を深めた。久住土建時代は、総務課係長兼品質管理部室長として、品質管理の国際規格ＩＳＯ９００１認証の申請書類作成や手続きなどを任された。品質管理は、チームの仕組み作りだと思った。社会人の実務経験が、その後の指導者人生へつながっていくことになった。

「チームを作っていく中で、企業組織図のイメージが残っていました。企業と比較して野球部に携わる人数は限られていますが、どんなに小さいチームでも組織図はあった方がいいと考えています。組織図は、チームのカタチを示したもの。役割や指示系統もはっきりしますし、組織が機能するための土台になると思います。私もまだまだ試行錯誤を繰り返している状態ですが、組織図を作るだけではなく、それを使ってチームを動かしていくことが大切なのかなと考えています。会社は、良い資材、良い人材を集めて商品を作っていきますが、選手を育てて試合で社会へ送り出す高校野球の世界に似ていると思いました。それがいまのうちの野球です」

健大高崎は２０２１年現在、青柳監督、生方啓介部長、赤堀佳敬コーチ、ＯＢの小谷魁星コーチ、宮嶋大輔コーチ、岡部雄一マネージャーら計11人の指導者によって、チームマネジメントが進む。指揮官は、チーム資料やデータをすべてファイル化し、いつでも閲覧できるようにしている。試合では大胆な采配をみせるが、監督室では几帳面な一面ものぞかせている。

野球の本質を見つめ直す

転機は30歳になる2002年。健大高崎が共学化に伴い野球部を作ることになり、恩師・東野威元前橋商監督の紹介で指導者として声がかかった。地元企業で働きながら故郷に骨を埋める覚悟だったが、高校で野球を教えることができる魅力に惹かれた。年齢的にもチャレンジできる最後のチャンス。迷いはなかった。

健大高崎は2001年に野球同好会として活動していたが、正式登録し各大会へエントリーすることになった。脱サラで新規野球部の指揮官に就任した青柳監督は、ゼロからのチーム作りに取りかかった。野球部誕生当時、コーチは不在。

「野球が好きな生徒たちが集まっていた部活だったので、遊びの延長でしたし、プレッシャーもまったくありません。ただ、部員が増えてくると状況は変わっていきます。指導者は、自分の経験を伝えるのではなく、選手が成長するためのヒントを伝えなければいけないと思います。そう考えると、当時の自分は経験不足で、指導の引き出しも少なかったと思います」

指揮官は、多くの指導書や経営指南書を読みあさり、技術指導と組織マネジメントを学んだ。監督室の本棚には、数々の書籍が並ぶ。

前橋商、東北福祉大という名門野球部でプレーした指揮官にとってショックなことがあった。健大高崎野球部として新たなスタートを切ったあと、チームの士気を高めるために野球部エナメルバッグを作った。業者とデザインを相談しながら作り上げたエナメルバッグは監督自身も気に入っていたが、練習後に帰宅する選手たちの自転車を見ると、みんなが学校名を隠してカゴに乗せていた。

指揮官はチームへのプライドを持って指導していたつもりだったが、選手たちは違っていた。グラウンドもなく、コーチもいない状況で、チームはまったく勝てなかった。初陣となった1年目の2002年夏群馬県大会は初戦の2回戦で前橋東に0対12（7回コールド）、2年目の2003年夏も初戦2回戦で桐生に1対16(5回コールド)。2004年に夏の初勝利を挙げたが、2005年は再び初戦止まり。青柳監督は、生徒たちに申し訳ないと思った。

「監督になったばかりの頃はまだ若かったですし、俺について来い的な感じで独りよがりな指導をしていました。それが勝つための一番の方法だと思っていました。グラウンドにはひとりしかいなかったですし、ひとりで全部できると考えていました。でも、それは奢りだったかもしれません。自分の経験だけに頼った、独りよがりの指導になってしまった面もあります。何の実績もないチームで野球をやってくれている選手たちのため、私にチームを預けてくれている学校のためにも本気でチームを強くしたいと思いました」

2005年には、のちに青柳監督の右腕として力を発揮する生方部長が着任。二人三脚でのチーム強化が始まった。

不如人和

健大高崎／青栁博文

指揮官は、グラウンド内外で試行錯誤を繰り返し、群馬の頂点へのルートを探った。しかし、その道のりは険しかった。チーム強化のため、元東農大二監督・斎藤章児氏（故人）をグラウンドに招き、アドバイスをもらった。群馬県高校野球界の名将・斎藤氏から授かった言葉の一つに「不如人和」というものがあった。天の時は地の利に如かず、地の利は人の和に如かず。団結の重要性を説く〝孟子の教え〟だ。天からの運は恵まれた地形に及ばず、恵まれた地形も人の和には適わない。感銘を受けた青栁監督は、すぐさま、健大高崎の部訓に採用。〝和〟を重視した野球へ方向転換を図る。チームは創部6年目の2007年夏の群馬県大会で初のベスト8へ進出。2009年にもベスト8へ辿り着いている。

さらなるターニングポイントは2010年夏の群馬県大会だった。主砲・森山彰人を擁し投打のバランスが整った健大高崎は優勝候補筆頭に挙げられた。準々決勝までの4試合で平均8得点を奪って勝ち上がると、準決勝では同年春センバツ出場の前橋工と対峙した。しかし、相手エースの前に打線が沈黙、延長戦の末に0対1と惜敗した。

打撃は水モノ。打てないときに、いかにして勝つか。前橋工との敗戦から指揮官は考えた。そのヒントが機動力だった。そして「機動破壊」という旗印（戦術スローガン）が生まれた。青栁監督は「機動力野球という表現は昔からありましたが、『機動破壊』という言葉はありませんでした。機動力で相手を破壊する意味の、この4文字の独特の響きが、相手に威圧感を与えるのではないかと。従来の機動力野球ではなく、新しい形の機動力野球をつくっていこうと思いました。部訓『不如人和』と戦術スローガン『機動破壊』

の両輪によって、チームの方向性が確立されました」と、変化を語る。本来、野球にセオリーなど存在しない。野球の本質を見つめ直したチームは、高校野球の常識をも変えていった。

チーム作りは組織作り。進化とは変化だ

「機動破壊」を実践した健大高崎は2011年夏の群馬県大会決勝で、前橋商時代の2学年後輩にあたる住吉信篤監督（現前橋商監督）率いる高崎商を10対6で下して甲子園初出場を決める。2002年の野球部創部から10年目の悲願達成となった。2012年には、左腕エース三木敬太、主砲・長坂拳弥（阪神）を軸に、センバツ初出場でベスト4まで駆け上がった。甲子園までの地図を手にしたチームは、次々と甲子園切符をつかんでいく。

2014年夏の群馬県大会では3回戦で前年度全国制覇を果たした前橋育英と対戦した。2年生時に全国優勝投手となった高橋光成（西武）擁する前橋育英がノーシードとなったため、3回戦でいきなり健大高崎と前橋育英が激突することになったのだ。健大高崎のキーマンは、機動破壊の申し子と呼ばれた脇本直人。高崎城南球場で実施された私学強豪同士の大一番には、多くの観客が早朝から長蛇の列をつくり、開門直後にスタンドは満席になった。チケット売り場は、押しかける観客をさばけずに、ゲーム中盤までスタンドに入れないファンが出る状況だった。あふれたファンはライトスタンド場外後方の高台からゲー

ムを見守った。

異様な雰囲気で進んだゲームは6回まで健大高崎が0対2でリードを許す展開。しかし、7回2死からチャンスを広げると、脇本の2点適時打などで一挙6点を奪い、6対2で逆転勝利。ライバルの夢の欠けらを力に変換したチームはそのまま群馬の頂点まで駆け上がった。

甲子園では4試合で計26盗塁を決めるなど、勇猛果敢な走塁でスタンドを沸かせた。健大高崎はその夏から春・夏と3季連続で甲子園に出場。「機動破壊」を代名詞とするチームは、高校野球界に大きなインパクトを与えていく。2017年のセンバツでは2回戦・福井工大福井、6対7で迎えた9回2死2・3塁からの重盗で3塁走者が痛快なホームイン。同点再試合へ持ち込むと再戦で勝利しベスト8進出を果たしている。

「機動破壊」は、新たな境地へと進んでいる。青柳監督は「チームとして盗塁数を意識する時代はもう終わりました。数ではなく、大事な場面でいかに盗塁を成功させるか、いかに相手にプレッシャーをかけるかに重点を置いています。全国制覇を実現するには、走攻守の『走』だけでは勝てない。走攻守のすべてで日本一にならなければいけないと考えています。機動力は、攻撃の一つ。『機動破壊』が普通にならなければいけないと思います。機動力が前面に出ているうちは、勝てないと。もう一度、『不如人和』と『機動破壊』を見つめ直して、日本一を狙っていきます」と語っている。それは全国制覇を成し遂げるための脱皮だった。このチームは、一つの考えに固執するのではなく、柔軟に形を変えながら進化していく。

健大高崎を語るときに欠かせないのが、各分野のスペシャリストを集めたコーチ陣による指導体制だ。2002年の創部当初は青柳監督ひとりだけだったが、2005年に生方部長が着任し、スタッフに加わっている。生方部長は沼田高出身で東北福祉大で学生コーチとして指導経験を積んだ。大学卒業後、1年間の社会人経験をしたのち、大学OBである青柳監督から声を掛けられて、健大高崎へやってきた。苦楽を共にしてきた青柳監督、生方部長の絆がチームの肝だ。

17年間参謀を務めるブレーン・生方部長は「今でこそ環境が整ってきていますが、僕が来たときはまだグラウンドもなくて、青柳監督が運転するマイクロバスで選手たちとあちこちを転々としていたことを思い出します。ずっと一緒にいるので表現が難しいですが、青柳監督のようなタイプは、高校野球界にはいないのではないかと思います。どんなことにも動じないですし、器が大きいと感じます。生徒に対してもちろん厳しいことを言ったりしますが、根本には優しさがあります。勝たせてあげたいと思える監督ですね」と、サポート役に徹する。

外部コーチには、帝京OB木村亨バッテリーコーチ、元三菱自動車川崎監督の池田善吾スキルアドバイザー、ダンストレーニングを取り入れる竹部董トレーニングコーチ、フィジカルメニューのスペシャリスト塚原謙太郎トレーニングコーチら。2019年には、前盛岡大附（岩手）副部長・赤堀コーチを教員として招いている。赤堀コーチは、打撃指導のスペシャリストである一方で、選手募集でのプレゼンテーション力に長けていた。青柳監督は、過去に何度も盛岡大附と選手募集で競合し、有望選手をことごとく取られた苦い経験があった。グラウンド内外の能力を高く評価していた青柳監督は時期をみてオファーを提示し、三顧の礼で招き入れた。自身が認めた人材を仲間にすることで、健大高崎の幹は太くなっていく。

外部コーチたちはそれぞれのスケジュールに合わせてグラウンドに入るため、スケジュール管理と指導者同士のコミュニケーションが重要になる。青柳監督と生方部長を中心に方向性を定めた上でマンスリー、ウィークリーでミーティングを重ねて、念密なメニューを立てていく。

チーム統括を任されている生方部長は「チームマネジメントによってコーチ同士の意思統一が非常にうまく回っています。うちの場合は年間を通じて各コーチが選手たちを育てていって、最後にチームを監督へ渡す流れになります。監督が、各コーチを信頼して、各パーツを任せているので、コーチ陣はやりやすいと考えています。一番難しいのは仕上がったチームと、監督が目指す野球とのすり合わせです。監督の野球スタイルを表現することがコーチの役割。任せてもらっている以上、それぞれが責任を持って取り組んでいます」と、コーチ陣の役割を説明する。健大高崎の練習場の壁にはこんな言葉も掲げられている。「勝ち続ける組織を作る」。チーム作りは、組織作りだ。

地の利は人の和に如かず

健大高崎は、この2年間、破壊力のあるチームに移行している。センバツ出場を果たした2021年度のチームは、学年通算230本塁打。圧倒的な打撃力を武器に2020年の秋季群馬県大会を制覇すると、関東大会でも打ち勝つ野球を展開。準決勝で専大松戸（千葉）、決勝で常総学院（茨城）を撃破し、群馬県勢では65年ぶりの関東大会2連覇となった。上位から下位までがスタンドへ放り込む攻撃はまさに「打撃破壊」。関東大会優勝で、堂々のセンバツ出場となったチームは2021年春、全国制覇を目指して意気揚々と甲子園へ乗り込んだ。

士気上がるチームは、1回戦で下関国際（山口）を6対2で下してみせる。2回戦では、大型右腕・達孝太を擁する天理（奈良）との戦い。世代屈指の投手を擁する天理と関東を制した打撃力を持つ健大高崎の戦いは、「盾（たて）」と「矛（ほこ）」。最速148キロのストレートと、落差あるフォークを持つプロ注目の投手のピッチングに対して、自慢の打線が手も足も出ない状況に陥ってしまう。放ったヒットはわずかに2本で、0対4の完封

25 不如人和

健大高崎／青柳博文

負けとなった。相手投手・達が別格だったことは確かだったが、芽生え始めていた自信は木っ端微塵に打ち砕かれた。チームにとってショックは小さくなかった。

その影響か、2021年春季群馬県大会の準々決勝では東農大二の軟投派左腕を打ちあぐねて0対1で敗れた。9回裏には無死2・3塁の絶好機を迎えたが、後続が続かずにそのままゲームセットとなった。

青柳監督は「私を含めてチームには、1点くらい取れるだろうという甘い考えがありました。野球はどこかにひとつでも隙や油断が出れば、そこからやられてしまいます。私自身があらためて野球の難しさ、野球の怖さを知りました。チームは秋季大会で勝ち続けたことで甘さが生まれていました。それに気づけなかった監督の責任だと受け止めています」と敗戦を受け止めた。

実は春季群馬県大会初戦の2回戦で、指揮官は、調子の上がらなかった4番・小澤周平主将をメンバーから外

していた。小澤主将は、自らの野球ノート背表紙に戒めとして「朗らかな人は指導者、仲間から良いアドバイスがもらえる。謙虚な人は耳を傾け、素直な人はその助言を受け入れます」と記した。心を整えることで、小澤は本来のバッティングを取り戻した。

青栁監督が、愛のムチを入れたのも過去に痛い目に遭っているから。2012年春はセンバツで4強入りし、春季関東大会では優勝したが、夏の群馬県大会では4回戦で伊勢崎清明に1対8のコールド負け。一度、絡まった和はなかなか元には戻らない。2018年夏には、高校通算75本塁打の山下航汰を擁して絶対的優勝候補として甲子園を狙ったが、決勝で前橋育英に屈した。指揮官は敗戦の責任を感じながら、泣きじゃくる選手をそばでじっと見守った。地の利は人の和に如かず。チームは戦力だけでは計れない。指揮官は、敗戦のたびに和の意味を考えている。

健大高崎は、夏に勝負を懸ける。センバツには2017、2020、2021年に出場しているものの、夏の甲子園は2015年以来、行くことができていない。2016〜2018年夏は3年連続決勝で前橋育英に敗れている。強打者・山下を擁した2018年の健大高崎は全国制覇が狙える戦力が整っていた中、7回まで5対2とリードしていたが8回に同点とされると9回裏に相手の勢いに飲まれてサヨナラ負けを喫した。悪夢。指揮官は「勝たなければいけない試合でした。敗戦の責任は私にあります」と静かに語り、遠くを見つめた。前橋育英とは相性が悪かったが、2020年夏の独自群馬県大会準決勝、2020年秋

不如人和

健大高崎／青栁博文

季群馬県大会準々決勝で勝利し2連勝中。嫌な流れを断ち切ることに成功している。健大高崎が甲子園切符をつかみ続けるためには、前橋育英は倒さなければいけない相手。青栁監督はこう話す。

「育英さんに勝てない試合が続いたのは、まだチームとしての力が足りなかったということ。お互いに手の内を知り尽くした戦いでは、打撃力や機動力だけでは勝てません。チームとしてひとつになれるかが問われていると思います。群馬県内は育英さんだけではなく、どこのチームも手強いと感じます。現実的に、2019年夏には高商大附さん、2021年春には農大二さんに負けていますし、気を抜いたら簡単にやられてしまいます。そこは常に感じています。全国で勝つためには、群馬で勝たなければいけません」

群馬県内のライバルの存在が、健大高崎をまた強くしていく。

健大高崎の目標は「全国制覇」。チームとして目標に突き進む中で、青栁監督個人は野心をみせない。恰幅の良い体躯のどこかに隠しているのではと探索してみても、それらしきものは見つからない。指揮官は敗戦の責任だけを負い、戦果はすべて選手、コーチに渡す。指導者としての楽しみは、現役選手の成長と、卒業した生徒たちの活躍だ。選手たちは、高校野球の2年半で見違えるような成長をみせる。入学時、肩を丸めていた選手が、胸を張ってグラウンドに立ち、一人前になって卒業していく。その姿を見ることがうれしい。結果がすべてではない。最近のささやかな楽しみは、高卒でプロ入りした湯浅（巨人）、山下（巨人）、下（ヤクルト）、大学・社会人経由でプロ入りした長坂（阪神）、柘植世那（西武）、三ツ間卓也（中日）

らの状況をスポーツ新聞やネット記事で確認すること。自ら社会人経験があるだけに、教え子たちが働く姿を見るのも喜びという。

「高校野球の主役は監督ではないと考えていますので、私自身は裏方です。だから健大高崎は、『青柳野球』と呼ばれるようなチームは目指しません。属人化のチームではなく、選手が育つ仕組みを作っていくことが私の役割だと考えています。チームとしては『日本一』という目標を掲げています。群馬県勢では桐生第一さん、前橋育英さんの2校が全国制覇をしていますが、うちは『高崎から日本一』を実現したいと思います。ただ、日本一がすべてではありません。それは目標であって目的ではありません。選手たちには、自分で考えて、自分で行動できる力を身につけてほしい。社会に出れば、どんな立場であれ組織の一員になります。ひとりで仕事をしたとしても組織との関わりは欠かせないでしょう。組織の規則、役割を理解して、組織で活躍できる人間になってほしい。勝ち続ける組織の一員になってくれることを願っています」

2002年に誕生した健大高崎野球部は、「人の和」と「組織」によって進化を遂げた。和とは、互いを理解し調和を取ること。組織とは、目的を達成するために構成される集団。健大高崎という組織は、勝つことによって「和」の大切さを伝えていく。

第2章

「負けない野球」

利根商業

福田治男

Haruo Fukuda

（ふくだ・はるお）

1961年11月4日、群馬県桐生市生まれ。上尾－東洋大。上尾時代は夏甲子園出場。1985年、桐生第一野球部監督に就任、創部からチームを指導し甲子園出場14度（春5回、夏9回）。1999年に夏の甲子園で全国制覇。正田樹（元日本ハムなど）、藤岡貴裕（元ロッテ、巨人）ら多くのプロ野球選手を育てている。2018年秋に桐生第一を退職、2019年4月から利根商監督に就任。

甲子園という明確な目標

名峰・谷川岳を遠くに望む利根商専用グラウンドに、かつて私学強豪・桐生第一で全国制覇を成し遂げた名将がいる。

利根商は、みなかみ町月夜野にある利根沼田学校組合立の高校。真田家ゆかりの城下町・沼田市から北西へ8キロほど、上越新幹線・上毛高原駅そばに位置する。群馬県内では近年合同チームとなっている尾瀬高を除くと最北の高校で、春先の平均気温は平野部よりも5度くらい低いだろうか。そんな山間部で鍛錬を積むチームは「北毛の雄」という愛称で、上州のトーナメントをたびたび盛り上げてきた。しかし、過去3度の決勝に進出したことはあるもののいまだ甲子園に辿り着くことはできていない。甲子園出場は、地域の念願だ。

2018年夏まで、当時82歳だった老将・豊田義夫監督（元近大付監督）が指揮を執ったが、夏大会後に退任。次期指揮官には同年9月に桐生第一を退任した福田治男監督に、白羽の矢が立った。三顧の礼。1999年夏に群馬県勢初の全国制覇を果たした名将は、いくつかの選択肢があった中、次なる戦いの場として利根商を選んだ。そして2019年4月、覚悟を持って、この地へやってきた。

初夏になっても、グラウンドを抜ける風はまだ冷たい。福田監督は「前橋や高崎などの平野部と比較してサクラの開花時期が1カ月くらい遅いらしいです。それでも選手たちは、たくましく練習をしている。冬の寒さにじっと耐えてきたツボミのような、芯の強さを感じます」と微笑む。

桐生第一時代、センバツ5回、夏の甲子園9回の計14度の甲子園出場、そして夏全国制覇の実績を持つ指揮官は、グラウンドに集う選手たちの打撃練習を見守りながら、気づいた点を的確に指摘していく。「腰が浮き上がってしまっている」「引っ張る選手を打ち取るのは簡単だぞ。センター返しを心掛けよう」「相手から嫌がられる選手になれ」……。選手たちは、百戦錬磨の指揮官のアドバイスに耳を傾け、うなずいていた。

全国に名を馳せた指揮官は、群馬県北部の公立校で新たなチャレンジに挑んでいる。

「2018年秋に、創部から携わった桐生第一を退職することになりまして、その後に利根商からお誘いをいただき

ました。再び、高校野球を指導する機会をもらえたことに感謝しました。この学校には『北毛初の甲子園』という明確な目標がありますので、地域の方々の応援を力にして、生徒たちと共に甲子園を目指していきたいと思いました。桐生第一退任後には、ありがたいことに、県外の学校などからも声を掛けていただきましたが、群馬県内で指導したいという考えがありました。利根商に拾ってもらったという思いです」

練習では指揮官自らストップウォッチ片手に選手たちを見守っている。メニュー時間、インターバルをしっかりと決めることで、効率良い練習を目指す。甲子園では分刻みのスケジュールで試合運営が進む。甲子園を目指すのであれば、普段のグラウンドから甲子園基準で行動しなければいけない。

積雪や寒さなど平野部とは違う気候の状況下、どのように冬を乗り切るかもポイントになる。平野部のチームよりも、グラウンドレベルでの練習時間が少なくなるのは事実で、それを補っていく工夫が求められている。

福田監督は「年間を通じてみれば寒さなどで練習時間が限られているので、平野部のチームよりも時間

を大切にしなければいけないと思います。そのためには迅速な行動に加えて、入念な準備が必要になってきます。汗を拭きながら、次に何をすべきかを考えていくと、行動は変わってくると思います」と話す。

山間部地域から甲子園を目指すチームは、タイムマネジメントによっても意識改革を図っている。

野球はシンプルなスポーツだ

新天地に立った指揮官が、就任直後に選手たちに伝えたのは3つだ。

「心の野球」

「基本に忠実」

「シンプルベースボール」

桐生第一野球部の立ち上げから利根商に来た今でも、そのスタイルは変わっていない。野球は声から。声を掛け合うことで、気持ちが高まり、連係、技術も向上していく。全国制覇を成し遂げたあとも、愚直なまでに同じ野球を貫いてきた。

福田監督は「どこへ行っても野球は同じです。新しい場所に来たからといって、これまで貫いてきた野球を変えることはありません。野球は、攻撃では1点1点を確実に奪い、守備では一つひとつのアウトを重ねていくシンプルな競技だと考えています」と語る。指揮官は、利根商の伝統を継承しつつ、基本に即した自身の野球を浸透させている。

福田監督の右腕としてマネジメントをサポートする利根商OBの市場洋光部長は「まずは利根商のOBとして、ここで指導してくれていることに感謝があります。桐生第一で全国制覇を果たすなどの実績を残していますので、何か秘密があるのではないかと興味を持っていました。練習を始めてみると、特別なことはまったくなくて、基礎、基本の繰り返しでした。ただ、それをおろそかにすることなく、毎日、徹底していきます。同じことを毎日伝えていくことを、恐れない監督だと思いました。私学で全国有数の結果を残されてきましたが派手さはまったくなく、指導自体は公立向き、利根商向きだと感じています」と指揮官の印象を話す。

私立か公立か。昨今の高校野球でクローズアップされる議題だ。

「私立での経験はありますが、公立校は初めてですので、『公立指導者1年生』です。私立と公立には、練習環境、生徒募集などに違いがあるのは確かですが、公立も私立も野球をする上では同じであると考えています。『私立も公立も同じ』というのが、持論です。私立だから、公立だから、という考えではなく、やるべきことをしっかりとやっていきたいと考えています。大切なのは、本気で甲子園を目指し、本気で練習すること。試合に出る9人だけではなく、部員全員が本気になることが大切なのではないかと思っています」

負けない野球で全国制覇

1961年、群馬県桐生市生まれ。高校は埼玉県の上尾へ進学し、1番ショートで活躍。3年生の夏には埼玉大会で優勝して、甲子園に出場している。甲子園ではエース牛島和彦、ドカベンこと香川伸行バッテリー擁する浪商（大阪）と初戦で対戦し、延長戦にまでもつれ込んだが、2対3で惜敗。

その後、東洋大卒業後に1年間、浦和学院（埼玉）でコーチ修行を積んだ。1985年、桐生第一（当時桐丘高校）の野球部創部に伴い、地元へ戻って23歳で監督就任した。夏の群馬県大会に出場し、渋川西（現渋川青翠）に勝利。2回戦で安中蚕糸（現安中総合）に負けたことを覚えている。福田監督は就任当初、実績のない新規野球部に集まってきた選手たちに基礎を徹底的に教え続けた。それが、いまでも原点となっている。その中で、築き上げてきたのが「負けない野球」だった。

「才能ある選手が次々と集まってくるわけではないので、強者の野球はできません。来てくれた選手と一緒に努力しながら、チームを作り上げていくことが大切。力でなぎ倒す野球をすることはできなかったので、負けないためにはどうするべきなのかを常に考えてきました。どんなに強い相手でも競り合いに持ち込めれば勝機がみえてきます。野球は、戦力の足し算ではないところが面白さだと思います」

試行錯誤を続けながら、1991年春、初の甲子園となるセンバツ出場を決めた。

その2年後の1993年には夏甲子園初出場を果たした。全国で戦えるだけの地力をじわじわと蓄えると、1995、1998年にも夏甲子園出場。そしてエース正田樹（元日本ハムなど）を擁し4度目の夏甲子園出場となった1999年に、全国制覇を果たすことになる。

比叡山（滋賀）、仙台育英（宮城）、静岡（静岡）、桐蔭学園（神奈川）の優勝候補を撃破すると、準決勝で樟南（鹿児島）、決勝で岡山理大附（岡山）に勝利し、頂点に辿り着いた。そして、深紅の大優勝旗を球都・桐生に持ち帰ったのだった。

昔から甲子園には魔物が棲む、と言われている。多くのチームが、〝魔物の仕業〟によって一変したゲームの流れに対応できず、ときには信じられないようなプレーを誘発してきた。福田監督は甲子園で魔物に遭遇したのだろうか。指揮官はこう断言する。

「甲子園に魔物はいません。いるとすれば、自分たちの心の中にいます。隙や甘さがあったとき、弱気になったときに、心の中の魔物が動き出して悪さをします。甲子園では高いレベルのチーム同士による拮抗した戦いですから、少しの隙も許してもらえません。魔物は、自分たちの甘さを教えてくれているのだと思います」

群馬県勢初の全国制覇。球都・桐生をはじめ県全体が沸いた。

「創部からチームを任せてもらって無我夢中で指導していった記憶があります。生活のすべてを高校野球に捧げていた中で甲子園に行けるようになって、『甲子園出場』という目標が、『日本一』という目標へ変わっていきました。これは人生もそうだと思いますが、ひとつの山を越えると、次なる山が見えてきます。そこまでいかないと見えない景色もありますし、視界が広がったことによって、チームが成長できたのかなと思います」

福田監督率いる桐生第一は、1999年の全国制覇後、2003年夏の甲子園ではベスト4入りするなど10年間で計8度の甲子園出場を決めた。バッテリーを中心とした守りから、手堅くランナーを送っていく戦いを貫き、甲子園への道をはっきりと確立していった。桐生第一時代のスローガンは「負けない野球」。勝つための野球ではなく、負けない野球。どんな試合でも負けなければ、最後に勝利が転がり込む。そこに派手さは必要ない。選手たちがチームの一員として役割を果たすことが求められた。

「守備を軸にした手堅い野球」。福田監督の野球を表現するとき、こんな言葉が使われることが多い。ランナーを手堅くバントで送り、確実にスコアリングポジションへ。そして、奪った得点を我慢強く守り抜く。「バント」は福田野球の戦術となったが、打撃重視の潮流によって「バント」を多用するチームは減少している。

福田監督にバントの考え方について聞いた。

「バントをするか、しないかは、投手力、打撃力、試合の流れによって変わってくると考えています。桐生第一で全国優勝したときは投手が計算できたので1点を取りにいきました。逆に、投手力が弱ければバントで1点を取りにいってアウトを上げてしまうのはマイナス。すべての戦術は相手との力関係によって成り立ちます。どんな戦いにせよ、監督の求める野球と選手の考えている野球が一致することが大切で、その過程が練習だと考えています。ただ、サインを出さずに、勝てれば、それが一番の理想です」

変わる群馬の勢力図

2010年以降の群馬県は、健大高崎、前橋育英の2校が力を伸ばしたことによって勢力図が変わっていった。

「前橋育英の荒井監督は真面目な性格が野球から出ている気がしますね。健大高崎の青柳監督は、動じないタイプかもしれないです。ふたりのタイプははっきりと違う気がします。健大高崎は、青柳監督が『機動破壊』という旗印を掲げてアグレッシブな野球をみせていきました。高校野球そのものを変えていくようなインパクトがありましたね。前橋育英は、荒井監督が『凡事徹底』の部訓を軸に地道にチームを作っていって2013年に夏甲子園初出場で初優勝を飾りました。桐生第一以来の全国制覇でしたが、本当に見事な戦いぶりだったと思います。同じ群馬県勢として嬉しかったですし、まだまだ負けられないと思いました。彼らを倒すには、絶対的な力をつけていかなければならないと感じています」

それでも福田監督は意地をみせる。2013、2015年には秋季関東大会で結果を残して、

2014、2016年のセンバツ出場を決めた。いずれも県2位での関東大会出場となったが、準々決勝で霞ケ浦（茨城）、浦和学院の伝統強豪校を破ったゲームは、まさに福田マジックと言えるものだった。

福田監督は、チーム再建に乗り出していったが、2018年秋に桐生第一から離れることになった。1999年に群馬県勢初の全国制覇を成し遂げ、歴史の扉を開いた名将の退任は、ひとつの時代の終焉となった。そして、次の舞台として同じ群馬県の利根商を選んだ。

「平成5年（1993年）の夏の決勝で、私たち桐生第一と利根商が対戦しました。あのときは桐生第一が勝って、夏の甲子園初出場となったのですが、もし利根商が勝っていれば利根商が初の甲子園となっていました。自分たちが『北毛初の甲子園』を阻止してしまったので、いま振り返ると不思議な縁を感じています。行き場がなくなってしまった私に、声を掛けていただいたことに対しての感謝は忘れることはできません。沼田、みなかみ地区は体の大きい選手や能力の高い選手が多く、対戦相手としては嫌なチームでした。最近は能力の高い選手が、他のエリアへ流れていると聞いていますが、この地域に残ってもらえるようなチームを作っていきたいと思います。『北毛初の甲子園』という目標を達成することで、恩返しをしたいと思っています」

利根商での〝初陣〟となった2020年の春季群馬県大会は2回戦でいきなり健大高崎と対戦するとい

う高校野球ファンにとっては、たまらない、巡り合わせとなった。利根商は、健大高崎相手にロースコアの戦いに持ち込んだが、0対2で敗れた。

続く夏大会も、不思議な巡り合わせだった。嬬恋、伊勢崎清明、桐生市商の実力校を下して準々決勝へ進むと、古巣・桐生第一と対戦することになった。結果は0対10で敗れたが、チームはベスト8へ進出した。

2年目の2020年は、新型コロナウイルス感染拡大の影響でチーム練習は公立高の規定に準じて一時休止。夏は、独自群馬県大会こそ開催されたが、甲子園大会は中止となった。2020年の秋季群馬県大会は3回戦で再び、桐生第一と対戦し、10対13の撃ち合いを演じてみせた。就任から6大会中、2度も古巣とぶつかっているが、福田監督にとって大きな刺激となっているようだ。

2021年になってもコロナ禍が続き、練習時間や練習試合に制限が加わっている。30年間にわたり高校野球指導現場に立ち続けた指揮官は、だれもが経験したことのない状況に直面しても、動じることなく、やるべきことだけをやり続けている。利根商の3年目、2021年の3年生は指揮官と共に利根商の門をくぐった選手。そして1・2年生は、福田監督のもとで甲子園に行くために利根商の門を叩いた選手たち。高校野球は3年が1ターンになるが、ひと回り目から、ふた回り目に突入しようとしている。

「桐生第一は創部からのスタートで最初の甲子園が7年目のセンバツ、夏の甲子園は9年目。それを考えれば、いまの利根商のスタート、環境は非常に恵まれています。そう簡単には勝てないとは思っていましたが、やはり群馬のトーナメントを勝ち上がるのはたやすいことではありません。（就任から）2年が過ぎてみてあらためて高校野球の面白さと難しさの両面を感じています。またどんな相手でも接戦に持ち込めば、勝つことは可能です。ただ、良い試合ができただけで満足してはいけません。負けた悔しさをグラウンドで表現できてくれれば本物かなと思います。野球の技術は進歩していますが、野球の基本は変わっていません。指導者の役割は、基本をわかりやすく選手たちに教えていくこと。すべての戦術は、基本の上に成り立っています。基本を習得することが勝つための最良の手段です」

守りから攻めへ転じる

指導とは何か。1985年に指導者となってから35年が経過した。その間、時代は昭和から平成、平成から令和へと流れている。高校野球の指導現場も大きく変わっている。さらに昨今は、インターネットの発展によって多くの情報がオープンとなり、情報格差はなくなっている。

「桐生第一の創部が昭和、桐生第一で甲子園に行けるようになったときが平成、そして利根商でのチャレンジが令和。3つの時代を振り返ると、やはり指導が大きく変わっていったと思います。指導者はもちろん、時代を読んでいかなければなりません。ただ、すべてを時代に合わせる必要はないと思います。今の子供たちに適した指導方法などが提唱されていますが、チームが勝てるようになるかは別次元のような気がしています。監督に求められているのは結果。私の場合は、地域の方々から『北毛初の甲子園出場』というミッションをいただいています。もし、目指すべきものが地域貢献や社会人教育であれば、そのような指導をしていくでしょう。『甲子園出場』という目標があるから私はここにいると思いますし、学校や地域からの期待に応えるのが監督の仕事だと考えています」

百戦錬磨の指揮官は、新たな場所での新たなチャレンジを恐れない。2019年春から2021年春までの計6大会（2020年春季大会は中止）、思い描いた成績を残せているとはいえない。6大会の戦績は6勝6敗。2021年春季群馬県大会では2回戦で高崎商に3対4で屈した。指揮官は、選手と共に敗戦の悔しさをかみ締めてきた。いま

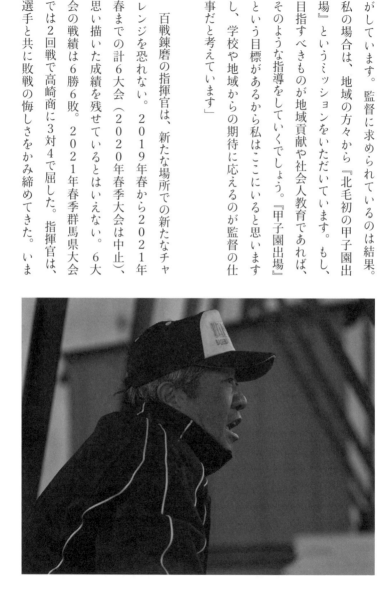

は仕組みづくりの過程だ。仕組みができれば、年間を通じてチームは回っていく。

「明確な目標を設定し、それに対して段階的な練習ができれば、選手、チームは必ず成長していきます。チームがいまどのくらいの位置にいるのかを把握して、年間を通じた『スケジューリング』と『仕組みづくり』をしていくことが大切だと思います。仕組みが確立されればベスト8に行く回数が増えてきます。そして、コンスタントにベスト8に入っていければ、甲子園のチャンスが確実に広がっていくと思います。ゲームの流れを把握して、相手の流れを切って、自分たちが流れに乗る、さらに流れを渡さないことが大切です。そのためにはやはり守備が必要。まずは守らないとゲームにならない。『負けない野球』というのは、勝負どころでぐっと堪える守備力を身につけた上で攻撃へ出ていくこと。野球は人生と同じで、守るだけではなく、攻めないといけないと思います」

数々の修羅場を乗り越えてきた、全国制覇指揮官が本領を発揮するのはチームが大舞台に立ったとき。「負けない野球」は、勝つための戦術だ。

第3章

「丹念 執念 情念」

高崎

境原尚樹

Naoki Sakaihara

(さかいはら・なおき)

1963年10月9日、東京都生まれ、群馬県高崎市育ち。高崎－群馬大。高崎時代の1981年にセンバツに出場したOB監督。群馬大卒業後に、沼田、榛名で指導し、2006年から高崎監督に就任。2012年に母校を31年ぶりのセンバツ出場へ導いた。2019年夏に白血病が判明し入院。1年半の休養を経て2021年春に監督復帰。現役時代は外野手。保健体育科教諭。

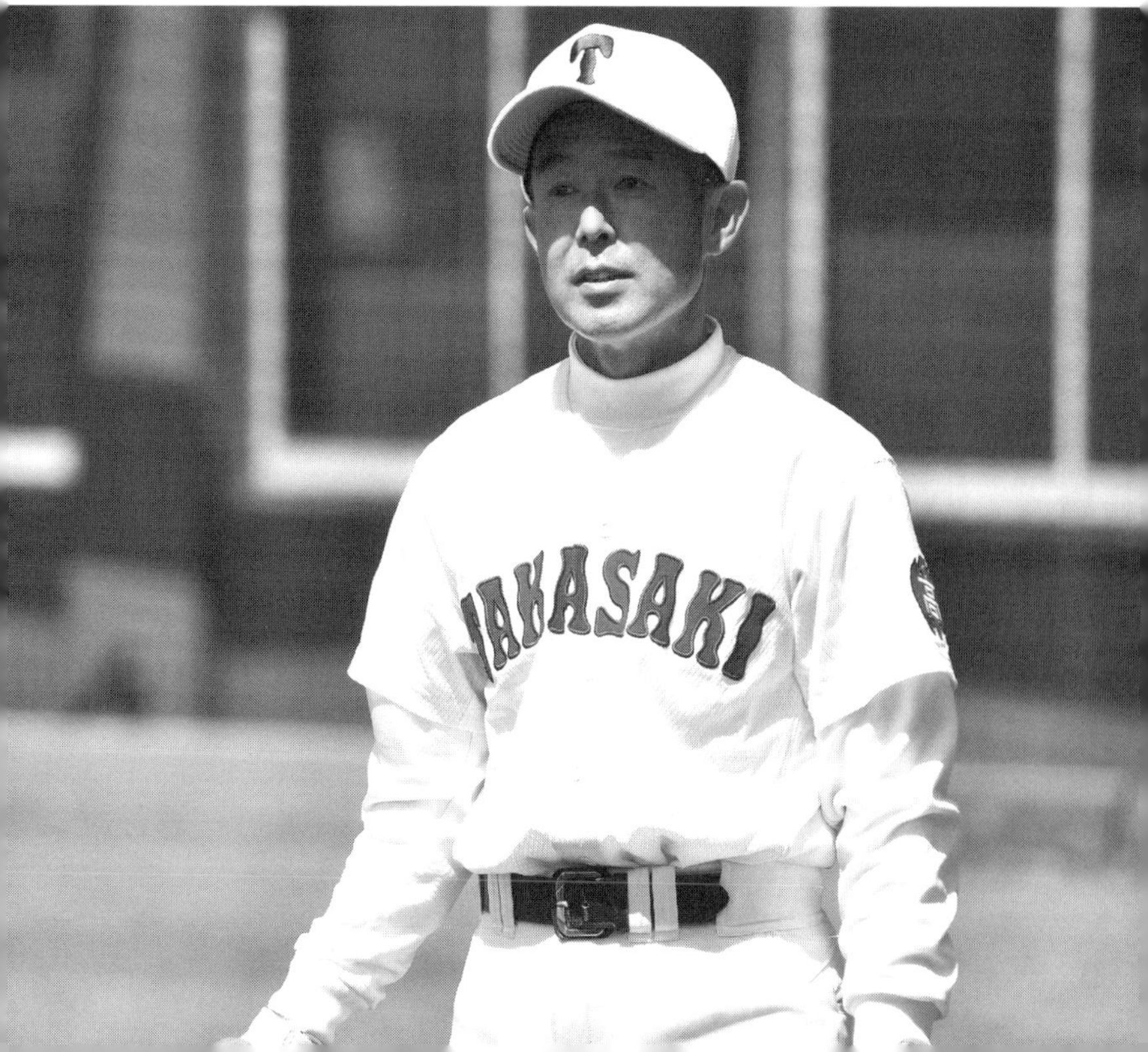

人生は何が起きるか分からない

2019年7月9日、境原尚樹監督率いる高崎は夏の群馬県大会の1回戦で高崎東に8対0の7回コールドで勝利した。大型右腕・北爪魁を擁したチームは幸先良いスタートを切ったのだが、その翌日に思わぬ事態が野球部を襲った。境原監督の体調が悪化し、チームから離脱したのだ。病名は「急性骨髄性白血病」だった。

指揮官の緊急入院によって2回戦から大隅昭彦顧問が代理で指揮を執ることになった。その年は3回戦で前橋商に1対2で敗れて、夏を終えた。境原監督は、その報を病床で聞いた。

境原監督の身体には、夏大会を間近に控えた5月中旬頃から異変があったという。

「だるさが続いたあとに何をしても疲れが取れなくなりまして、随分と体力が落ちたなと思っていたのです。それが年齢によるものなのか長年の疲労の蓄積なのか、自分では理由はわかりませんでした。とにかく疲れが抜けなかったのです。困ったものだな、と思いました」

じきに治るだろうという根拠のない期待とは裏腹に、体調は日を追うごとに悪化し、しばらくしてからは微熱も続いた。それでも夏大会に挑む選手たちを思うと、練習を休むわけにはいかなかった。なにしろ、その代のチームは、甲子園を狙えるほど充実した戦力が揃い、優勝候補の一角に挙げられていたのだ。

疲れた体にムチを打って練習グラウンドに立ち続けた。大会直前、今度は咳が止まらなくなった。気づけば、肩で息をしていた。見兼ねた周囲の先生たちが、病院での診察を勧めてくれた。大会が始まれば、しばらく病院には行けないのは理解していた。

境原監督は近くの内科医院に足を運び、症状を伝えた。風邪をこじらせたのだろう、くらいに考えていた。医師からは「念のために血液検査もしておきましょうか」と尋ねられた。そんなものは必要ないと思っていたが、せっかく来たのだから検査をしてもらおうと好意に甘えた。何もなければまた野球指導に打ち込むことができるのだから。

検査結果は後日、教えてもらうことになっていた。

白血病でチームを緊急離脱

そんな中で、夏大会初戦を迎えた。照りつける日差しの中、指揮官はシートノックのためホームベース付近に立った。いざノックバットを握ると、思うように力が入らない。試合前ノックの持ち時間は7分だが、3分が過ぎたあたりから息切れがした。ノックをしても外野までボールを飛ばせない。仕方がないのでマウンド付近まで動いて、外野に打球を放った。

それを見ていた対戦相手のコーチたちは「境原先生が、斬新なノックをやっている」と興味深く見守ったらしい。実際は、外野まで打球を飛ばす力がなかっただけなのだが…。選手たちに申し訳ないと思った。

そんな状況下、チームは初戦に快勝した。

試合翌日の7月10日、チームは学校でリカバリーを兼ねた軽いメニューをこなしていた。もちろん、境原監督もグラウンドに立ち、陣頭指揮を執った。練習を終えてふと携帯を見ると、同じ市内局番から立て続けに着信が入っていた。登録していない番号からだったが、それが病院からだ、ということは容易に推測できた。そして、それが吉報ではないことも悟った。

病院に着くと、担当医に尋ねた。「結果が良くないんですよね。考えられる病気は何があるのでしょうか」。医師から返ってきた答えは「白血病かもしれません」。呆然とした。

足取り重く病院を出ると、大きく息を吸い込んだあとに家族へ連絡した。動揺の中で、一度、自宅へ戻り、家族と一緒に学校グラウンドに戻ってきた。監督室の荷物を整理するためだった。選手たちには、大会へ集中するように伝えた。指揮官は、荷物をまとめて車に積み込むと、振り返ってグラウンドを見つめた。もう二度と、この場所へは戻れないと覚悟した。ありがとう、みんな。そこからの記憶は断片的だという。

「家族と一緒に学校に来たことは覚えているのですが、そこからどうやって家に帰ったのかとか、家でどうしたかとかは、ほとんど覚えていないのです」

病床で言葉の力を再認識

その夜は眠れなかった。7月11日、紹介状を携えて群馬県済生会前橋病院へ向かった。再検査後に即入院となり治療が始まった。

「もう長くは生きられないと勝手に考えていましたので、動揺して泣き叫ぶのかなと思いましたが、いざそういう状況になると逆に覚悟が決まりました。主治医の先生に挨拶をしたとき『私はあと、どのくらい生きられるのでしょうか』と尋ねた記憶があります」

突然の白血病告知。不安になるのは当然だ。弱気になる境原監督に対して主治医はこう告げたという。

「私は、人を看取るために、この仕事をしているわけではありません。病気を治すために、ここにいるのです。絶対に治りますから、諦めないでください。それが一番、大事です」

言葉の力。野球指導の現場で、これまでずっと生徒たちに「どんな状況になっても最後まで諦めるな」と伝えてきた。それにもかかわらず、病魔に襲われた中で、自分自身が諦めかけていた。主治医の一言に救われた気がした。

「私だけではなく、家族全員が安心しました。治療法や薬はもちろんなのですが、やっぱり言葉って大事なんだなと実感しました。あの言葉がなければ、正直、気力が続いていたかどうかはわかりません。教員として、指導者として、言葉の大切さをもう一度考えるようになりました」

諦めない心がすべて

抗がん剤治療が始まった。抗がん剤投与は白血病細胞を死滅させる一方で、正常細胞もダメージを受けるため免疫が下がってしまう。2度目の抗がん剤投入後、激しい嘔吐が続く中で免疫が戻らずに、失明の危機となった。体調が優れず、目も見えなくなっていく。回復したとしても野球に携わることはできないかもしれない。肉体的にも精神的にも限界が近づいていた。死を覚悟した。

「病院のベッドで天井を見上げながら、走馬灯のように脳裏に浮かんだのは、良かったことなどひとつもなくて、ああしとけば良かったとか、なんであんなことをしてしまったのだろうとか、良くなかったことや反省、後悔ばかりだったんです。人生って、多くの悔いを残して終わっていくのかなって思いましたね」

この治療で大丈夫なのか、とてつもない不安に苛まれた。主治医に相談してセカンドオピニオン制度を利用、同じ症状の患者治癒の実績を持つ東京の病院で治療法を確認してもらったところ、同じだった。眼球注射を何十回も受けた中で、しだいに回復の兆しが現れてきた。目が見えるようになると、白血病も一気に快方へ向かった。病棟で腹筋や腕立てなどのトレーニングやウォーキングに取り組み、復帰に備えた。

当初は4度の抗がん剤投与予定だったが、2度で完治し、2020年3月に退院となった。

その後半年間、自宅休養し2020年9月に学校へ戻った。大隅監督、井田郁浩部長の好意で、秋季群馬県大会に部長としてベンチ入りさせてもらった。シートノックでノックバットを握った。緊急入院から1年2カ月ぶりのことだった。

「2019年の夏大会中の7月11日に突然入院となって、退院後に自宅へ戻ると自室には公式戦ユニホームがそのままの状態で残っていました。1年2カ月が空白だったのです。ようやく、あの日から止まっていた時間がもう一度動き出したのだと思いました。まさか、また球場でノックが打てるとは考えてもみなかったので、夢のようでした」

人生はロマンと我慢

闘病中、選手たちの戦いはタブレットで常に確認していた。生徒たちは修学旅行のお土産にお守りを買ってきてくれたり、恒例の榛名山ランニングをしたときにはお札を届けてくれたりしたという。2019年度の生徒たちの卒業式にはこんなメッセージを送った。

『人生はロマンと我慢。自分の人生を大切に生きてほしい』

「私が病気になったことで生徒たちにはものすごく迷惑をかけてしまいました。生徒たちにはベースボールではなく高校野球をやろう、とずっと伝えてきていました。高校野球の喜びはほんの一瞬。それは人生と同じだと思っています。私は、我慢があるからロマンがあると考えています。いまは苦労とか根性とかの時代ではないことはわかっていますが、厳しい練習を乗り越えて、ひとつの目標を目指すことがあってもいいんじゃないかと。だから、『高校野球をやろうぜ』と伝えているんです。高崎野球部での経験がこれからの人生の糧になってくれれば指導者としてうれしいです」

境原監督は2020年3月に完全復帰、再び母校の指揮を執っている。

練習場に掲示された部訓

高崎は、福田赳夫、中曽根康弘の元内閣総理大臣をはじめ、産官学分野に幾多の人材を輩出している県下屈指の進学校だ。文武両道を実践する漢たちが集う〝上州の伝統校〟の野球部は、1981年、2012年にセンバツへ出場した。

2度の春甲子園に、選手、指導者として携わったのがOB指揮官・境原監督だ。高崎初の甲子園となった1981年のセンバツに出場し聖地でプレー。群馬大卒業後に一度は小学校の教員となったが、夏休みのプール当番時にラジオで、松本稔監督率いる中央高校（現中央中等）の甲子園での試合実況を聞き、高

53　丹念 執念 情念

高崎／境原尚樹

校指導者になるために採用試験を受け直した。そして沼田、榛名での指導を経て2006年に母校へ着任、1年間の副顧問を経て2007年に監督となった。

境原監督は高崎赴任の2006年に〝部訓〟を掲げることを決めた。選手との話し合いで決まったのは「丹念　執念　情念」。それは、境原監督が練習で常日頃、選手に伝えていた言葉だった。「丹念」は一球一球にこだわること、「執念」は一球一球を突き詰めること、「情念」は一球一球に思いを込めることを示す。

「丹念　執念　情念」は、3つで一つだ。

「『丹念』とは、こだわるということ。昔ながらの高校野球にこだわりを持ってほしいと思います。『執念』は、諦めない気持ちです。世の中、簡単に成し遂げられるものは価値が低いと思います。大切なものは簡単には手に入りません。そのためには最後まで戦い抜いてほしいと思います。3つ目の『情念』は、思いを込めてプレーをすると同時に相手を思いやることです。チームワークがここにつながってきますが、社会で生きていくためには普遍的なものなんじゃないでしょうか。この部訓は、チー

ムの原点。壁にぶつかったら、必ず、ここに戻っています。これらの言葉は、野球だけではなく、すべてを解決してくれると感じています」

この部訓は、練習場横の掲示板に貼られ、選手たちに力を与えている。指揮官は、部訓が単なる〝飾り〟になってしまわないように、選手たちが理解し、語り継いでいくことが必要だと説いている。

2度のセンバツが教えてくれたこと

境原監督が現役だった1981年のセンバツ出場決定時、商都・高崎は大いに沸いた。そのときの監督は野球経験がほとんどない素人指揮官で、主役は選手たちだった。そんなチームが、センバツ出場を成し遂げたのだ。それまで普通の高校生だった選手たちが、一躍スターとなった。センバツでは初戦で星稜(石川)に1対11で大敗。境原監督は、2安打を放ったもののスクイズのサインを見逃すなど後悔も残った試合だった。

夢の世界で燃え尽きたチームは、夏の県大会では2回戦であっさりと敗れて、最後の夏を終えた。境原監督は「高校野球の思い出は、成功と失敗の経験です。自分たちらしい野球ができたのは、秋季の関東大会までだったかなと思います。センバツが決まってからは自分たち本来の姿を見失ってしまって、甲子園での試合をまったく覚えていないんです。センバツ出場後はチームがまとまらなくて、最後の夏が、忘れたい思い出にすり替わってしまいました」と複雑な表情をみせる。

境原監督就任から6年目。チームは２０１１年の秋季群馬県大会で準優勝し、関東大会へ進出。エース島田智史の好投によって1回戦で東海大望洋（千葉）、準々決勝で東海大甲府（山梨）に快勝しベスト４入り。翌２０１２年春のセンバツ出場を当確とした。自身の甲子園出場以来、31年ぶりの甲子園となった。

当時は48歳だった。真っ先に脳裏に浮かんだのは、選手時代に味わった甲子園での苦い経験だ。当時、初の快挙によって舞い上がってしまった選手たちは、いつしか自分たちの〝場所〟を見失ってしまっていた。

指導者として迎えた2度目の甲子園。自身の反省をもとに、選手たちにこう伝えたという。

「一球一球、1プレー1プレーがみんなの記憶に残るような試合をしよう」

2度目のセンバツ、チームは初戦で近江（滋賀）と対戦した。試合は2度の雨天延期で、応援団は宿泊場所の確保で右往左往したが、当初の予定から3日目の試合当日には溢れんばかりの大応援団がアルプススタンドを埋めた。

雨が上がった甲子園は、ライトからホームへの強風が吹きつけていた。忘れられないことは、近江・多賀章仁監督が風を確認しながら外野ノックを行っていたこと。境原監督は、強風に負けじとノックに力を込めた。それが勝負の分水嶺だった。

近江の右翼手は浅めのポジションで、風を受けて失速する打球を次々とグラブに収めた。一方、高崎はライトフライだったはずの打球がライン際に落ちて失点を喫した。甲子園での初指揮となった境原監督は「強風に負けないようにノックすることで頭がいっぱいで、生徒たちに外野のポジショニングの指示を出せなかったことが私の力不足でした」と振り返る。試合は2対7で敗れた。だが、選手たちは口々に「最高の思い出でした」と指揮官に伝えたという。境原監督は、その言葉をいまも大切にしている。

「自主性」の意味について考える

選手、指導者として経験した2度の甲子園。そして、2019〜2020年の空白期間を経て、境原監督の野球観は変化したのだろうか。

2020年3月に退院してから同年9月まで自宅休養となったため、自身の人生、そして野球について振り返る時間があったという。その間野球、指導、マネジメントについて書かれた様々な書籍を読みあさった。昨今の高校野球のキーワードは「自立」「自主性」。この言葉について、考えさせられた。

2007年に母校の監督に就任したときから、鼻息荒く生徒たちを鍛え上げた。自分がキャプテンのつもりで、チームを盛り上げ、そして厳しさを追求した。チームは確かに強くなっていったが、指示待ちの選手たちが多くなった気がした。試行錯誤があった中で、2011年は選手たちに任せてみようと思った。これまでだったら、いの一番にグラウンドに飛び出していくところを、一歩下がって、選手たちにタクト（指揮棒）を預けてみた。ちょうど1981年の自分たちのセンバツ初出場時に似ていた。2012年の選手たちは、2度目のセンバツ出場をつかみ取った。新聞の各記事には「自立」「自主性」の文字が躍った。ただ、センバツ出場を果たせたのは、その前年まで厳しい練習を積み上げてきたから。「自立」「自主性」だけがクローズアップされたことで、チーム、選手はどこか方向性を見失ってしまったように感じた。境原監督は入院中に、これからの指導について思いを巡らせた。

「いまの子供たちは言われたことに対してしっかりとできる一方で、昔に比べて社会との距離が遠く、視野が狭い印象を受けます。自分で考えてひとりで行動するのには力がまだ足りないのだと思います。生きるためのヒントが必要な状態で『自立』『自主性』という言葉を信頼して、生徒だけに責任を預けるのはやはり難しいと思います。毎年、練習を積み重ねていくとその意図が分からずに形骸化して惰性でやっていることが多くなっていきます。自分は1年半以上も野球部を留守にしたのである意味、白紙の状態になっています。自分の中で一つひとつを整理して、考え方の土台を丁寧に生徒に伝えています。料理に例えれば、指導者が食材とレシピを用意し、調理法の基本を教えた上で、生徒たちが自分たちで作り上げていくのが、今の理想かなと考えています」

大事なことは言葉で伝える

2020年3月の退院から9月の職場復帰まで約7カ月間、自宅休養となった。コロナ禍によって緊急事態宣言も発出されたこともあり、自宅で過ごす時間が必然的に増えていった。病床ではインターネットで高校野球の情報を得たり、YouTube動画などを見たりしていたため自然に身の回りのICT化が進んだ。退院後は、スマホ、タブレット、パソコンをアップル社製品で揃えてデータ共有できるような環境を整えていった。すべては野球指導のためという。

「倒れる前には家族のことを顧みずに好きな野球にほとんどの時間を費やしていました。ただ、病気になり入院しているときに、自分を支えてくれたのは家族でした。退院したら心を入れ替えなければいけないと思っていたのに、いざ復帰できると分かったらまた野球中心の生活に戻ってしまいました。今年で58歳になるのですが、野球指導ができる時間が限られてきた中で、この年齢でだれかに必要としてもらえるのであれば、それはやっぱり野球なのかなと思っています」

YouTubeに上がっている動画をチェックしたり、自身で撮影していた動画を編集したり、野球に関する楽しみが増えた。復帰後は投打のポイントを動画にまとめて伝えている。指揮官のパソコンには、走攻守のセオリー、スクイズの奥義、投手の配球・思考、データ解析法など多くの資料がインプットされている。さらに30年以上にわたる監督人生で敗れたゲームの敗因分析もファイル化。動画や資料などは、コロナ禍で学校採用されたグーグルクラスルームで共有し生徒たちに届けている。最近は、親交のある全国指導者たちと共にオンラインセミナーにも参加しているという。

「それまではパソコン関係には疎かったのですが、暇な時間にいじくっているうちにだんだんと理解できるようになり、いまはこんなに便利なものはないと思っていますね。以前は、職員室からグラウンドまで歩くときの〝風〟を感じて、ひらめきで練習メニューを考えていました。いまはコロナ禍で練習時間も限られているので、データを分析して次の試合までに何をすべきかをメニュー化、生徒たちに資料を渡して効率良く練習ができるようにしています。いまの若い子たちは、言葉で伝えるよりも、資料や動画で理解させるほうがスムーズかもしれませんね。ただし、生徒にとって本当に大事なことは、動画やメールではなく言葉で伝えなければいけないと考えています」

高校野球現場のICT化が進むが、指導の原点は変わらない。指導の過程は、「守破離（しゅ・は・り）」と考えている。千利休の教えを和歌でまとめた「利休道歌」の「規矩（きく）作法　守り尽くして破るとも　離るるとても本を忘るな」からの言葉で、「守」は教えに沿って基本を身につけることを意味し、「破」は身につけた基本を打ち破り改良を加えていくことを示す。「離」は師の教えから離れ独自の道を切り拓くことを表す。利休は、師の教えから離れたとしても基本を忘れてはいけないと諭している。
境原監督は、「守破離」を高校野球の1年間に落とし込み、秋が「守」、春は「破」、夏に「離」となるような年間のチームマネジメントを実践している。

「ありきたりな話ですが、生きるか、死ぬかの立場になってみると、一瞬、一球の大切さが身にしみるように分かってきます。いまの生徒に、私が経験したことを話しても実感が湧かないと思うので闘病中のことはほとんど話していません。ただ、どんな状況になっても、絶対に諦めてはいけない、ということは強く伝えていかなければいけないと確信しています。高校、大学を卒業して社会へ出たとき、どこかで困難にぶつかったときは、このグラウンドで学んだことを思い出してほしいと思います。そして、人生において後悔のないチャレンジをしてほしいと考えています」

2020年9月に職場復帰し、副顧問として野球部に戻った。そして2021年3月には再び監督となった。2021年4月10日、春季群馬県大会1回戦・群馬高専戦では、監督として再び球場に戻ってきた。高野連関係者に対して「お久しぶりです」と帽子を取り、ダッグアウトへ向かった。金属バットの乾いた打球音が心地よく響くグラウンド。境原監督はグラウンドへ出ると、大きく深呼吸をして球場全体を見渡した。2019年7月、検査結果を受けて監督室へ荷物整理に戻ったときは、またこの場所で指揮が執れるとは考えていなかった。指揮官はいま、再び高校野球に携われることへの喜びをかみ締めている。

第 4 章

「一人一役 全員主役」

前橋商

住吉信篤

Nobuatsu Sumiyoshi

（すみよし・のぶあつ）

1974年5月20日、群馬県桐生市（旧新里村）生まれ。前橋商―東京国際大。大学卒業後、前橋商、高崎商コーチを経て高崎商監督。高崎商で2006、2009年にセンバツ出場。2012年4月から母校・前橋商監督。現役時代は二塁手。商業科教諭。

打倒私学、公立伝統校の心意気

甲子園までのルートが再び見え始めている。春夏通算8度の甲子園出場を誇る伝統校・前橋商が、2019年夏の群馬県大会で9年ぶりに決勝の舞台へ戻ってきた。決勝進出は、走攻守3拍子揃った外野手・後藤駿太（オリックス）、左腕エース野口亮太（鷺宮製作所）を擁し甲子園2回戦へ進出した2010年以来9年ぶり。県営敷島球場のスタンドを埋める大応援団と、気迫みなぎる選手たち。前橋育英、健大高崎の私学2強が台頭する中で、公立伝統校・前橋商の決勝進出は、群馬県高校野球界のボルテージをより一層高めた。

2019年のチームは、最速146キロ左腕エース井上温大（巨人）を軸に接戦を勝ち上がった。準決勝・関東学園大附では、エース井上が延長12回を投げ抜き、13奪三振2失点の150球熱投。終盤になっても140キロ台を連発する勇敢なピッチングは、高校野球ファンをうならせた。

準決勝を3対2で勝ち上がった前橋商は、決勝戦で前橋育英と対戦。エース井上が我慢の投球を続けたが、打線が援護できずに0対3で惜敗。甲子園出場は逃したが、「前商復活」を強く印象づけて大会を終えた。エース井上はその秋のプロ野球ドラフト会議で、巨人から4位指名を受けてプロ入りを果たした。

前橋商は、コロナ禍の2020年夏の独自群馬県大会でも準決勝へ進出。同年の秋季群馬県大会では準々決勝で樹徳、準決勝で桐生第一の私学勢を下して決勝へ。決勝では健大高崎に屈したが、県大会準優勝で秋季関東大会へ進出した。センバツ出場を懸けて関東大会へ乗り込んだものの初戦で惜しくも敗れて、甲子園切符をつかむまでは至らなかった。2018年春から2020年秋までの県8大会（2020年春は中止）で2度の準優勝、1度のベスト4、4度のベスト8という安定した結果を残している。8大会中のうち、健大高崎、前橋育英に敗れたのが計6度。打倒・私学。その壁を越えれば聖地が見えてくると言える。

2012年からチームを率いるOB指揮官・住吉信篤監督は「健大高崎、前橋育英の背中が見えているかもしれませんが、相手も走っているので、追いつき、追い越すことは簡単ではありません。健大高崎、前橋育英だけではなく、ほかのチームも力を伸ばしている中で、もうひと踏ん張りが必要だと感じています。

ただ、うちには公立伝統校としての意地がありますし、何度倒されても立ち上がる覚悟があります。ひたむきに努力を続けていけば、必ず甲子園は見えてくると思います」と、日々のグラウンドに立つ。

高校は自分自身で決めることが大切

母校のユニホームに袖を通す住吉監督は、1974年桐生市（旧新里村）生まれ。かつて前橋工から西武ライオンズ入りした渡辺久信氏（現西武球団本部ゼネラルマネージャー）は、旧新里村出身の大先輩にあたる。渡辺氏と同じ新里ジュニアで少年野球を始めた。年末年始にはOBの渡辺氏がグラウンドに顔を出してくれたこともあり、渡辺氏がプレーした前橋工で甲子園を目指したいと考えていた。

進路について具体的に考えていた中学3年時、秋季群馬県大会決勝・前橋商対前橋工戦を桐生球場で観戦した。衝撃。その試合で、前橋商の全員野球に魅了された。戦力的には前橋工が優っていたように記憶しているが、前橋商が粘り強い戦いで食らいつくと、接戦を制して競り勝った。その試合の前橋商の「4番ファースト」には、2学年上の現健大高崎・青柳博文監督がいた。

大柄な選手が揃っていた前橋工に対して、前橋商は各ポジションに適材適所の選手が揃い、それぞれがチームの役割をこなしているように感じた。小柄だった住吉少年は、前橋商の野球の方が自分に向いていると思った。そして自分の意志で、前橋商進学を決めた。

その秋の前橋商は関東大会でも結果を残して、1990年春のセンバツに出場した。前橋商入学が決まっていた住吉少年は、その春に、学校の応援バスに乗って甲子園のアルプススタンドへ。前橋商はセンバツ初戦、愛媛の新田に1対9で敗れたが、先輩たちの勇姿をまぶたに焼き付けた。それが、初めての甲子園だった。

中学時代を回想する住吉監督は「中学生にとって高校選択は大きな分岐点。いろんな選択肢があると思いますが、チームを選ぶのは親やコーチではなく本人。自分が行きたいチーム、自分に合っているチームを選択してほしいですね。そして、自分で選んだからには責任を持って、チームのため、自分のために努力してほしいと思います」と、自身の経験をもとにアドバイスを送る。

チームは控え選手を含めてひとつ

高校2年秋の新チーム始動時、引退した3年生を含む部員全員の投票などによって住吉監督がキャプテンに指名された。当時も100人を超える大所帯。完全なレギュラーではなかった住吉は、率先垂範《そっせんすいはん》でチームをまとめようと考えた。恩師・東野威監督からは「ひとつのことを、粘り強くやり抜くことによって人間は成長できる。試合に出る、出ないに関わらず、キャプテンとして普段の行動からチームを支えてほしい」

と託されたという。

チームがうまく回らないときは東野監督に呼び出されて、チームマネジメントについてのマンツーマン指導を受けた。誰よりも早く練習場に駆けつけてグラウンド整備、練習準備を行った。

「当時から前商のキャプテンと言えば、チームの中心として活躍する選手がほとんどだったので私は例外かもしれません。選手時代にそういう経験をしているので、控え選手の気持ちも分かりますし、チームは控え選手を含めてひとつだと考えています」

余談になるが、住吉監督は２０１４年に、控えの井野大輝を主将に指名している。住吉監督の指導歴で初めてのベンチ主将だったという。実力的には試合に絡む可能性はなかったというが、声という誰にも負けない武器を持っていた。自分のためではなくチームのために声を出して行動できる選手で、指揮官は彼を迷いなく主将に決めた。井野主将は夏のベンチで声を張り上げて仲間を鼓舞、チームのためにベンチで戦い続けた。

「彼が試合に出ることは想定していませんでしたが、チームにとっては絶対に欠かせない選手で、周囲の誰もが信頼を寄せていました。高校野球は社会の縮図。野球がうまい子だけではチームは成り立ちません。井野は試合には出ておらず実績もありませんが、私の中では最高のキャプテンの一人です。試合で活躍する選手はもちろん素晴らしいと思いますが、たとえ試合に出なくてもチームのために行動できる選手こそが前橋商の選手にふさわしいと考えています」

住吉キャプテンが率いたチームは、秋季群馬県大会初戦で農大二に敗れて、夏の群馬県大会は準決勝で樹徳に0対1で屈している。農大二は秋季群馬県大会で優勝し、翌年春のセンバツに出場、樹徳もその夏に甲子園出場を決めた。当時の樹徳は、井達誠現監督が主将を務めていた。住吉キャプテンはいずれも優勝チームに僅差で敗れて、高校野球を終えている。

住吉監督は「私たちのチームにも甲子園に行けるだけの力があったと思いますが、あと一歩が足りずに夢を叶えることができませんでした。キャプテンとして責任を感じましたし、あのときの悔しさは今でも忘れられません。その悔しさが力になっているためか、指導者になってからは、樹徳の井達監督には一度も負けていません。あの敗戦によって私は甲子園に行けなかったので、そのハングリー精神が指導者になってから生きていると思います」とグラウンドを見つめる。

経験不足を練習量でカバー

住吉監督は前橋商卒業後に東京国際大へ進学し野球を続けた。大学3年生で二塁手としてレギュラーをつかむと、最後の代では再びキャプテンを任された。実は、高校入学時から将来は高校野球の指導者になりたいという漠然とした夢があった。前橋商でキャプテンを経験したことで、指導者になるという想いは、より一層増した。大学では教職課程を取り、野球と勉強に打ち込んだ。

大学4年の春には母校・前橋商で教育実習を受けさせてもらった。そのタイミングで、学生コーチの話が持ち上がり、大学野球は春のリーグ戦で引退。教育実習を終えるとチームに帯同し後輩指導にあたった。その1996年秋、東野監督率いる前橋商は秋季群馬県大会で優勝すると、関東大会で2勝してベスト4入りし、センバツ出場を決めた。住吉学生コーチは1997年3月20日に大学卒業式を終えるとその足で東京駅から新幹線に乗り、甲子園入り。学生コーチとして甲子園練習に参加させてもらい、初めて甲子園の土を踏んだ。

「東野先生の粋なはからいで、甲子園練習でノックを任せてもらいました。大学を卒業したばかりの学生コーチだったので、地に足がつかず終始ふわふわしていた思い出があります。甲子園期間にずっとチームと一緒に帯同させてもらって、甲子園の雰囲気やスケジュールなどを経験することができました。いま思うと、甲子園での時間が指導者としての大切な経験になりました。大学4年生の春に野球を続けるか悩んだこともあったのですが、将来のために引退を決断したことで甲子園に行くことができました。本当に不思議な縁ですし、貴重な経験をさせてくれた東野先生に感謝しています」

住吉監督は1997年春から臨時採用で前橋商に着任し、野球部を指導することになる。そして4年後の2001年に正式採用となり初任地として高崎商へ赴くことになった。当時の高崎商は角田泰己監督（前橋商前部長）で、2年後の2003年に指揮のバトンを受けることになった。情熱を拠り所にして指導に向き合った住吉監督には、指揮官3年目の2005年に甲子園出場の絶好機が訪れた。その年の秋季県大会で優勝すると、地元開催のスーパーシードで関東大会へ。初戦となった準々決勝で真岡工（栃木）を6対2で下すと、準決勝では優勝候補・横浜（神奈川）に3対1で勝利する。決勝戦では敗れたが、センバツ当確となり、就任3年目で指導者として初の甲子園切符をつかむことになる。

「中学生のときは応援で甲子園へ行って、学生コーチのときは東野先生に甲子園へ連れていってもらいました。3度目の甲子園は、選手や学校OBなど多くの人の力を借りて初めて自分の力で行くことができました。あのときはどうしても甲子園に行きたくて新チームの始動から1日も休まずに猛練習を続けました。当時はまだ若くて、十分な経験を持ち合わせていなかったので量でカバーしなければいけないと考えていました。その方法が正しかったかどうかは分かりませんが、どのチームにも負けない練習量が自分たちの力になったのは確かです」

甲子園に近道、抜け道なし

監督として初めての聖地となった2006年のセンバツでは初戦で日本文理（新潟）に3対4で敗れた。

ちなみに、高崎商が関東大会準決勝で破った横浜は、センバツで優勝した。

住吉監督にとって2度目の甲子園は2009年のセンバツ。2008年の秋季関東大会でベスト4入りし、同じく4強となった前橋商と共に群馬県からのセンバツダブル当確となった。4年間で2度のセンバツ出場は、住吉監督の名を広めるのに十分な功績となった。

「甲子園の行き方？　それが分かったならばそのあと苦労はしていません。群馬県から甲子園に行くには、春も夏も最低でも5ないし6試合は勝つ必要があります。1勝、2勝であれば偶然があるかもしれませんが、5、6勝に偶然はありません。甲子園に近道や抜け道はないので、毎日、継続した努力を積み重ねていくしかないと考えています。よく言われますが、甲子園に行くには、甲子園でプレーするにふさわしいチーム、甲子園から招かれるチームにならなければいけないと思います」

2度のセンバツ出場を成し遂げた住吉監督に初めての夏の甲子園のチャンスが巡ってきた。2011年夏、身長192センチの大型右腕・金井和衛、2年生左腕・関純を揃えて群馬県大会へ臨むと、準々決勝で高崎、準決勝で前橋工に競り勝ち、決勝・健大高崎戦へ。甲子園初出場を狙う強打の健大高崎に対して、住吉監督には迷いが生じた。

右腕・金井と左腕・関のどちらを先発させるか。関は、準々決勝・高崎戦で先発したがピリっとせずに序盤に崩れて劣勢となったが、打線が8回に一挙7点を奪い、7対4でひっくり返した経緯があった。金井は、準決勝で前橋工相手に1失点完投勝利。右か左か。当初のプランでは左腕・関が決勝先発の予定だったというが、準決勝までの内容をみて右腕・金井の先発を決断。初の夏甲子園を狙ったが、金井が健大高崎打線の圧力に屈して失点を重ねた。途中交代の関も安定しなかった。結果的には6対10で敗れて、健大高崎に初甲子園切符を手渡すことになった。

健大高崎はその試合で9個の盗塁を決めて、のちの「機動破壊」の片鱗をみせることになった。

「右の金井か、左の関か。どちらにすべきかの答えはなかったと思いますが、私の迷いが結果に出てしまったと考えています。指揮を執るものは迷いがあってはいけないと痛感しました。結果的に、前橋商の先輩である青栁監督に甲子園をプレゼントして、その後の健大高崎台頭の引き金を引いてしまいました。猛暑で戦う夏の難しさと共に苦い記憶として脳裏に焼き付いています」

住吉監督は2011年度末で、富岡潤一監督と入れ替わる形で母校・前橋商へ異動。そして高崎商を引き継いだ富岡監督は、2012年夏、左腕・関を大黒柱にしてチームを甲子園に導いた。

住吉監督は2012年春に、指揮官として母校・前橋商へ戻ってきた。高崎商で2度のセンバツ甲子園を経験した指揮官は、母校で自身3度目の甲子園を目指すべくグラウンドへ立った。時を同じくして群馬県では前橋育英、健大高崎の2強時代へ突入していくことになる。

2012年に高崎商が甲子園出場を果たして以来、群馬県では私立の前橋育英、健大高崎の両校が夏甲子園切符を独占。センバツも2012年に高崎が出場して以来、前橋育英、健大高崎、桐生第一が分け合う形となっていた。私学台頭の時代到来によって公立校にとっては、潮目が明らかに変わった。2013年には前橋育英が夏甲子園初出場で全国制覇。健大高崎は2012年春センバツでベスト4進出。2014、2015、2017年夏にはいずれもベスト8へ進出。群馬県私立勢のレベルが一段上がったことで、公立にとって甲子園出場は難易度が増すことになっていく。

「私立が力を伸ばしている中で、公立の意地は常に持っています。私立と公立では確かに環境は違ってきますが、野球自体は変わりません。試合に懸ける思いや諦めない心など気持ちの部分は、選手次第。まずは気持ちで相手を上回らなければいけない、本気で甲子園へ行きたいと思えば普段の練習から変わってくると思います。大事なのは部員全員が同じ目標に向かって精一杯の努力をすること。それができれば、私立、公立関係なく甲子園に行けると強く信じています」

主役は選手、指導者は脇役

住吉監督は、学校では情報処理や簿記などの授業を担当する商業科教諭。前橋商では生徒たちが、簿記検定や情報処理検定を受けるが、それらの指導をしている。2021年度から共に野球部指導をする富田裕紀コーチ（前橋商OB）によると、住吉監督は授業でも全力投球だという。

富田コーチは、2012年の前橋商臨時教員時に住吉監督のもとでコーチを務め、県採用後に桐生商、館林商工を経て再び母校へ戻ってきた。住吉監督は朝早くから職員室に来ていて授業準備、事務処理などを済ませて、放課後は誰よりも早くグラウンドへ向かう。それは富田コーチも心掛けているという。

指揮官を支える富田コーチは「住吉先生と一緒になるのは2012年以来なのですが、また学ばせてもらう気持ちで毎日を過ごしています。この9年間で時代が変わっていった中で、指導も大きく変化した印象を受けました。生徒とコミュニケーションを取りながら指導していて、住吉先生が生徒を信頼し、生徒も住吉先生に信頼を寄せていることが分かります。それが2019年夏の県準優勝、2020年秋の県準優勝、関東大会出場などの結果につながったのだと理解しました」と印象を話す。

住吉監督は時間管理について、こう話す。「野球部員は、グラウンドでだけ頑張っていても意味がありません。高校野球は、単なる野球ではありません。高校野球である以上は学校生活と部活動を両立させる必要があります。生徒に両立を求める以上、私が学校業務をおろそかにするわけにはいきません。私は授業も本気でやりますし、野球も本気で指導します。野球は人が動くスポーツなので、学校生活で隙があればそれが必ずグラウンドに出てしまいます。私にとって学校も部活も真剣勝負です」

前橋商からプロ選手が輩出された。2019年のエース井上が、ドラフト会議で巨人から4位指名されたのだ。2度のセンバツ甲子園実績を持つ住吉監督だが、高卒でプロ選手を輩出したのは初めて。本格派左腕・井上は、夏の群馬県大会での熱投によって一気に評価を上げた。夏のスタンドにはプロ野球スカウト陣や球団幹部らが集結。左腕からボーガンのごとく放たれるストレートに熱視線を送った。

井上は大会後にプロ志望届けを提出、11球団から調査書が届いたという。ドラフトが近づくにつれて周囲は騒がしくなった。ドラフト会議当日、学校の会議室には20人近くの報道陣が集まった。どの球団が指名するのか。本人、野球部員、保護者らが固唾をのんで見守った。その年の注目選手は、大船渡・佐々木朗希（ロッテ1位）、星稜・奥川恭伸（ヤクルト1位）の高校生投手ふたり。1位の競合抽選が終わり、ドラフト指名は2位以下へ続いていく。各球団の指名のたびに感嘆の声が上がる状況下、4位指名でその瞬間がやってきた。

「読売　井上温大」。どよめきと共に沸き上がる会場。井上は表情をほころばせて小さくガッツポーズ。指揮官は、その様子を会議室の片隅で見守った。会見時にコメントを求められると「主役は選手なので、私が話す必要はないと思っていますが、井上の努力が4位指名になったと思います。前橋商で成長した選手が、国内最高峰の舞台であるプロ野球へ進むことへの嬉しさがあります。指導者として、どんなピッチャーになっていくか楽しみ。伸びしろの大きな選手なので息の長い選手になってほしいと思います」と、控え目に言葉を選んだ。

「高校野球の指導者、そして教員として私が常々思っているのは、『主役は生徒』ということです。選手や生徒がクローズアップされることが私にとっての喜びになります。高校野球という恵まれた環境にいますが私自身が足元を見失ってはいけないと思います。指導者の役割は、生徒をプレーヤーとしてだけではなく人としても成長させること。そして、敗戦の責任を負うことです。私自身はまだ何の結果も残していないと思っていますので謙虚な気持ちで指導にあたっています」

全員主役、人生に補欠なし

新チーム始動時に選手たちに必ず伝える言葉がある。「一人一役　全員主役」。2度のセンバツ制覇の実績を持つ広陵（広島）・中井哲之監督の言葉で、感銘を受けた住吉監督が指導指針にしている。

2021年春現在で前橋商の部員数は約80人。最近の実績や住吉監督のチーム作りによって再び入部希望者が増えている。野球の試合でのスタメンは9人で、県大会ベンチ入りは20人。スタメン以外の選手は、ランナーコーチや選手サポートーなどベンチでの仕事をこなし、メンバー外はスタンドでそれぞれの役割を果たすことになる。指揮官は、選手全員をグラウンドで見守っていく。

２０１９年夏に準優勝となったチームも、前年秋に、この言葉を全員で共有して新たなスタートを切ったという。２０１９年夏の記録員としてベンチに入った干川大和は、秋からの全試合でスコアを書き続け、選手の激闘を記した。背番号のないユニホーム。本人は公式戦に一度も出場することなく高校野球を終えた。記録員の干川は最後のミーティングで、目を潤ませながらこう話したという。

「僕は野球がうまくなかったのでチームのために何ができるか不安でした。みんなの足を引っ張ってしまうのではないかと。でも新チーム始動時に『一人一役 全員主役』という言葉を聞いて、チームのために自分ができること、自分の役割を果たしたいと思いました。試合には出られなかったけど、このチームで記録員として頑張ってきて良かったです」

住吉監督は、干川の行動こそが前橋商野球部の矜持だと思っている。

「最後の夏に結果を残すことだけが高校野球のゴールではなくて、その先の人生で、だれかの役に立ったり社会に貢献できる人間になったりすることが目的地だと思います。甲子園を目指して、甲子園でプレーできればいいですし、たとえ行けなくてもその過程は決して無駄にはなりません。高校野球の勝者は毎年全国で１校ですが、人生の勝者にはだれでもなれる資格があります。人生の勝者とは地位や名誉ではなく、人として豊かに暮らせるかどうか。人生に補欠はありません。生徒たちには、人生というそれぞれのトーナメントで勝ち上がってほしいと考えています。前橋商野球部にひとりの主役はいません。全員が主役です」

前橋商は、全員野球で甲子園を目指す。

「ONE」

第 5 章

樹徳

井達誠

Makoto Idate

（いだて・まこと）

1975年2月12日、群馬県邑楽郡大泉町生まれ。樹徳─日本大─スバル。樹徳現役時代は2度の甲子園出場。社会人野球を経て現役引退後の25歳で樹徳コーチに就任し、7年目から監督に。2008、2009年夏に県準優勝。2015〜2018年まで監督を離れたが2019年4月に監督復帰し再び指揮を執る。公民科教諭。

2度の甲子園出場を誇る伝統私学

OB指揮官が、野球部に再び戻ってきた。井達誠。現役時代には樹徳を初の甲子園出場に導き、伝統を築き上げた。樹徳に専用球場ができたのも、甲子園出場がきっかけだった。社会人野球、母校コーチを経て樹徳指揮官になった男は、眼光鋭く、上州のトーナメントに乗り込んできた。

2006〜2014年までベンチで指揮を執り、2008、2009年に夏の群馬県大会2度の準優勝を果たしたあとに、一度、学内異動によって野球指導の現場から離れた。バレーボール顧問、地元群馬テレビの高校野球解説など別世界での経験によって指導観が180度変わったという。4年半の充電期間を終えて、高校野球の最前線へ戻った指揮官はいまどんなことを考えてグラウンドに立っているのか。2度、甲子園の土を踏んだ井達監督は、自身の現役時代とは違ったアプローチで樹徳3度目の聖地を目指す。樹徳のプライドを胸に秘める指揮官は、伝統を継承しながら新たな光と風を追う。

樹徳は、〝球都〟と呼ばれるほどに野球熱が高い群馬県桐生市で、3度目の甲子園出場を虎視眈眈と狙っている。野球部の創部は1969年。翌1970年から群馬大会に参加し3回戦へ進出すると、創部4年目の1972年にはいきなり準決勝へ進出。1975、1976年には2年連続で北関東大会へ（夏甲子園1県1校出場前）。1980、1985年には決勝へ進み、大会参加初年度からの20年間で11度の準々決勝

以上への進出を果たし、前橋工、高崎商、東農大二が台頭していた群馬県高校野球界においての新星となった。

新たな歴史の扉を開いたのは、1991年夏だった。2年生エース戸部浩（元ロッテ、楽天）、2年生遊撃手・井達誠（現樹徳監督）らを中心としてトーナメントを力強く駆け上がると、準々決勝で高崎工、準決勝で中央に勝利し、決勝の舞台へ辿り着いた。決勝の相手は前橋工。前橋工は優勝候補本命だったが、樹徳は一歩も引かない戦いへ持ち込む。先制されたがすぐに追いつくと6回を終えて2対2。樹徳は7回に勝ち越し点を奪い、3対2。これまで何度も跳ね返された相手を下して、悲願の甲子園出場を決めた。選手たちは、深紅の優勝旗を桐生へ持ち帰り、地域は歓喜に沸いた。甲子園では初出場・初優勝を果たした大阪桐蔭（大阪）と初戦で対戦し、3対11で敗れた。

エース戸部が残った翌1992年夏も強さを誇った。準々決勝で前橋育英、準決勝で前橋商を撃破すると、決勝で太田市商を3対1で退けて、2年連続の甲子園出場を成し遂げてみせた。

2度目の聖地では、1回戦で近江（滋賀）を8対1で下して甲子園初勝利。続く2回戦は、松井秀喜（元巨人、NYヤンキース）の「5連続敬遠」で知られる星稜（石川）対明徳義塾（高知）の直後のゲームで、騒然としたムードの余韻が残る甲子園で、強豪・天理（奈良）と戦った。1000人を越す大応援団が群馬県から駆けつけたゲームは6回まで白熱のスコアレス。エース戸部が相手強力打線を封じる投手戦となった中で惜しくも2対3のサヨナラ負けとなった。樹徳の進撃は止まったが、群馬の勢力図を変えるのに十分なインパクトを残した。

1991、1992年夏の2年連続甲子園の実績が、燦然と輝いている。それ以来、甲子園から遠ざかっているが今もなお迫力ある戦いを披露し、頻繁にトーナメント上位に進出している。

近年では2019年春ベスト4、同年夏はベスト8、同年秋ベスト4、2020年秋ベスト8の成績を残している。負けた相手は、健大高崎、前橋育英など私学ライバルがほとんど。その壁を越えれば甲子園がもう一度見えてくる。聖地はそう遠くない場所だ。

実績を残す一方で、社会人セガサミー・根岸晃太郎、スバル・野平大樹ら好プレーヤーを送り出している。練習場のベンチには「闘志なき者は去れ」の文字が記されているが、選手たちは闘志をみなぎらせて練習に向き合っている。

高校野球を人生の財産に

チームを率いるのはＯＢ指揮官の井達監督だ。群馬県邑楽郡大泉町出身で中学時代からその名を轟かせ、県内外のいくつかの強豪校から誘われた中で、当時まだ甲子園出場がなかった樹徳を選んだ。元阪神で、社会人野球スバルの監督も務めた経歴を持つ木村一夫監督が指導していたのも魅力だったという。

「甲子園出場がなかったり、しばらく行けていなかったりするような学校で、自分の力を試してみたかったんです」

現役時代は走攻守３拍子揃った大型遊撃手で、高校１年時から試合出場すると２年生の１９９１年夏、３年生の１９９２年夏に２度、甲子園のダイヤモンドに立った。井達監督は「初めて甲子園に行ったときの思い出は、とにかくバックスクリーンが大きかったということです。１９９１年の夏は第一試合で、相手は大阪桐蔭だったのですが、外野の芝生が朝露で濡れていて、光り輝いていたんです。こんな場所でプレーできるなんて夢のようだ、と思いました。緊張とかはなかったと思うのですが、自分が一塁送球でミスをしてしまってそれが失点につながり先輩に申し訳ないことをしてしまいました。甲子園でのエラーがあったから、その次の年も頑張れたのかな、と考えています」と回想する。

3年生のときは主将として夏を戦い、エース戸部と共に2度目の甲子園の土を踏んだ。

高校卒業後は日本大から社会人野球スバルへ進み、3年間プレー。現役引退後の25歳でコーチとして母校に戻ると6年間指導経験を積み、7年目の2006年から指揮を任された。

「社会人で思うような活躍ができなかった私が母校の監督になれたのは、たまたま甲子園に出ていたから。もし甲子園に行けていなかったらまったく別の道を歩んでいたと思います。その意味では、甲子園に連れていってくれた先輩、一緒に力を合わせた仲間たちのおかげだと思っています。甲子園がすべてじゃないと思うのですが、私は野球を続けたことで母校に戻って指導することができています。だから私にとって高校野球は、特別なものです。指導者として、高校野球が生徒たちの人生のプラスになるような時間にしてあげたいと思いましたし、いまもそう思っています」

監督3年目の2008年夏には、群馬県大会決勝へ進出し、福田治男監督率いる桐生第一と対峙したが1対2で敗れた。続く2009年夏にも決勝戦へ進み、東農大二相手に0対2で屈した。熱血指揮官は、勝者が校歌を歌い上げる中、ベンチ前で悔しさをかみ締めていた。選手たちは、その横で泣きじゃくっていた。2年連続で群馬県大会決勝へ進出、惜しくも2年連続準優勝となったものの、甲子園に手が届く位置にチームを押し上げた。いずれの試合も、あと一本が出れば甲子園切符をつかんでいたが、その一本が出なかった。

「あのときは、まだ若かったので勢いに任せて突っ走っていました。いま振り返ると、よく生徒がついてきてくれたなと感じます。私も、結果を残そうと必死でしたので無我夢中でした。勝たせてあげられなかったのは、私自身の力不足だと受け止めています」

野球を離れて、野球を知る

井達監督率いる樹徳は、2011年春準優勝、2013年夏ベスト4などの実績を残す。2014年春には左腕エース・ホジャティ博和を擁して春季群馬県大会を制覇、関東大会へ進むと、東海大浦安（千葉）、関東一（東京）の強豪を下して関東ベスト4という結果を残した。第1シードで臨んだ同年夏は、戦力的にも甲子園出場のチャンスだったが、準々決勝で高崎経済大附に0対1で敗れて夢が弾けた。そして指揮官は同年秋季大会後に人事異動となり野球指導現場から離れることになった。

「自分の現役時代に、甲子園に2年連続で行くことができて、その恩恵を受けて母校の監督になれたのですが、いざ自分が指揮を執ってみたら、2008、2009年に2年連続決勝で負けて、第1シードだった2014年も勝てませんでした。甲子園は近くにあったとは思いますが何かが足りなかったのでしょう。

監督交代を含めて『もっと勉強してこい』という意味だったのかもしれませんね」

野球部から離れた井達監督は、女子バレーボール部の顧問となった。少年時代から親しんできた野球の世界から、ルールも知らないバレーボールの領域へ。受け持ったとき、部員は3人しかおらず廃部の危機にあった。その春に5人の新入部員を加えて、6人制の試合メンバーが揃い、試合ができるようになった。

バレーの世界は、ある意味で新鮮だった。30年間にわたり野球の世界にいたため野球現場では、井達監督を知らない人はいなかった。どこへ行っても顔パスだった。しかし、バレーボールの現場では「あなた、だれ？」だった。

これまでの実績が通用しない新たなコートで一からスポーツを学んだ。知らず知らずのうちに背負い込んでいた重い荷が下りた気がした。ルールや戦い方を覚えて、ホイッスルを持ってレフリーも買って出た。野球指導のときは生徒よりも自分の経験、知識が多かったため、教えることが多かった。しかしバレーボールでは、生徒の方が知っている。甲子園のスター、樹徳レジェンドの肩書きは通用しない。生徒にからかわれながら、懸命にバレーボールを学んだ。

「最初は、野球部の延長のような感じで、勢いで指導に入っていったのですが、まったくダメでした。バレーのことをまったく知らない監督に、命令されても選手たちは動きませんでした。逆に、生徒たちに怒られてしまいましたね。部員たちはすごく熱心、すごく純粋で、私に対してストレートに考えをぶつけてくるんです。それがすごく新鮮でした。それを考えると、野球部では選手たちの間に壁を作ってしまっていたと思います」

女子部員たちをまとめるには、どうすればいいのか。体育館で、一人考えた。まずは自分自身が、野球部への未練を捨てて、バレーボールに本気にならなければいけない。そして、生徒にバレーボールを教えてもらった。「あのプレーはどんな考えがあったのか？」「あのミスはどうして起きたのか？」。バレーボールの新人監督は、事あるたびに選手たちに尋ねていった。選手たちの話に耳を傾けることで、その選手をより深く理解できた気がした。選手たちとコミュニケーションが取れていくことで、チームが形になっていった。

「右も左も分からないバレーボールの現場で指導をしてみて、自分の高校野球指導がいかに一方通行だったかが分かりました。要するに、全部をやらせていたんですよね。若かったですし、俺はこうだ、と思うところが強くて、過去の経験に頼って、学ぶことをしていなかったんです。知らない世界を経験することは、すごく勉強になると感じました。バレーボールの経験がなかったら、野球部に戻っても、また同じことをやっていたでしょうね」

女子バレーボール部での結果は県でベスト16が最高だったが、多くの学びがあった。高校バレーは6人制の3セットマッチ。それに対して野球は、スタメン9人の9イニング制。バレーボールの攻撃パターンである、Aクイック、Bクイック、Cクイック、Dクイックを繰り返していく中で、Cクイックフェイントが成功したときの喜びは、野球のスクイズに似ていると感じた。

バレーボールと野球は、まったく別のスポーツだが共通点もあった。その一つが「流れ」だ。野球では、ときにワンプレーが「流れ」を変えると言われる。テンポ良くアウトが取れれば「流れをつかんだ」となり、四球やエラーが出ると「流れが悪くなった」とされる。悪い流れを断ち切り、良い流れをつかむかが勝敗のカギとなる。バレーボールは、その「流れ」が目まぐるしく変わっていった。

「バレーボールは、野球と比較してゲームのテンポが早いんです。ラリーポイント制のスポーツなので、ちょっとでも流れを見失うと、一気に得点を奪われてしまうんです。逆に流れをつかむと一気に得点を奪うことができます。だから、監督が判断を躊躇したり、迷ったりするとゲームが終わってしまいます。そこは野球よりも采配が難しいと感じました。流れをつかむこと、流れを止めることの重要性をあらためて理解し、野球の流れについてもう一度考えるようになりました」

もう一つの転機は、地元群馬テレビの高校野球解説だった。高校野球指導から離れたタイミングで高校野球ハイライト番組などの解説依頼を受けた。解説ができるほどの実績も経験もないと考えていたため何度か断ったが、学校側と相談した中で学ばせてもらうつもりで引き受けることになった。大会期間中は試合を振り返るが、その前段階では、これまではライバルだった学校のグラウンドに足を運び、各監督の話を聞く取材活動もあった。取材される側から、取材する側へ。実績を残しているチームの練習を見学させてもらい、監督に直接、質問をぶつけた。前橋育英・荒井直樹監督、健大高崎・青柳博文監督ら先輩指導者たちは、新米解説者を快くグラウンドに受け入れて、いろいろなことを教えてくれた。また群馬テレビの三隅有里子アナウンサーの気配りも忘れられない。

高校野球は1回戦から多くの観客が入り、スタンドでは熱い応援が展開される。試合結果は新聞やテレビで詳細に報じられる。一方、バレーボールはそこまでではなかった。1回戦に勝っても結果のみが紙面の片隅に載るだけ。優勝しても記事の大きさは、野球の1回戦と同じくらい。高校野球から離れてみて、高校野球が恵まれていることを悟った。

テレビ解説に携わらせてもらったことで高校野球の裏側を知り、高校野球に携われることへの喜びを知った。女子バレー部顧問、高校野球テレビ解説などの経験を経て、2019年春に現場へ復帰することになった。高校野球以外の世界を知ることで指導を考えるきっかけとなり、再登板となった今は、違ったアプローチで選手たちの成長を促している。

井達監督は「野球から離れたことで、逆に野球を知る機会になりました。いまは選手の考えを聞きながら、彼らの力をいかに引き出すかに焦点を置いています」と語る。

グラウンド外でも球児であれ

選手たちに求めているのは、グラウンドだけではなくグラウンド外でも球児であれ、ということ。グラウンド、学校、自宅で言動が一致しなければいけないと説く。グラウンドだけの好プレーヤーは必要ない。学校、自宅での規則正しい生活ができなければ、野球の結果にはつながらない。女子バレーボール顧問時代、生徒とコミュニケーションを図り、各生徒の学校生活を見守っていたときに、あることに気付いた。学校生活とバレーコートでのプレーが一致していたのだ。

「バレーの試合では、クラスでの姿がそのままコートで出ていたんです。クラスで細かな配慮ができている子はコートでも周りが見られていますし、学校生活で少し雑なところがある子はゲームでやっぱり雑なプレーをしてしまうと思いました。以前に監督だったときは、生徒とまったく話をしませんでしたし、学校生活を把握しようとも思いませんでした。だから、生徒の本当の姿が見えていなかったのです。野球部に戻った今は、グラウンド、学校、自宅での言動を大切にしてほしいと伝えています。どの場所でもフラットと言いますか、同じ立ち居振る舞いをすることが一番重要だと考えています」

4年半の充電を経て、戦地に戻った指揮官の前には、ライバル指揮官たちが立ちはだかる。監督復帰後、チームは2019年春ベスト4、同年夏ベスト8、同年秋ベスト4。2020年秋ベスト4など再び上昇気流をつかみつつある。しかしながら、上州で甲子園出場を果たすためのハードルはこれまで以上に上がっていると感じている。群馬県では、2013年に前橋育英が全国制覇、その後は前橋育英と健大高崎の2強状態が続き、健大高崎は「機動破壊」の戦術スローガンで全国にインパクトを与え、2019年秋、2020年秋の関東大会で連覇を果たすなど、全国有数のチームになった。2020年夏の独自群馬県大会では桐生第一が県制覇し、樹徳の周りには私学ライバルが牙を研いで待ち構えている。4年半という時間、高校野球から離れたことでのハンディはある。ただ、野球以外の経験は、アドバンテージとなる。高校野球から距離を置いたことで、逆に指導を理解した。現役時代に2度甲子園に出場した実績と2年連続決勝敗退の悔しさ、そして野球を離れた4年半の実体験を指導にどう生かすか。

「甲子園は最高の舞台なのですが、現役時代に2度、あの場所へ行ったことが私の場合は弊害になり、変なプラ

イドだけ強くなってしまっていました。だから謙虚な姿勢で学ぶことが足りなかったのだと思います。若かったですし、甲子園という看板に甘えていたんです。だから、甲子園なんて行かなければ良かったって思ったこともあります。甲子園でプレーした経験自体には、何の価値もないと思います。甲子園でヒットを打った、ホームランを打っただけで飯が食えるわけではありません。大事なことは、甲子園に行くまでの過程と、行ったあとも謙虚な姿勢で次の夢を追えるかどうか。そして、相手をリスペクトすること。幸いなことに2019年から監督に復帰させてもらっていますが、前回の続きではなくゼロからの気持ちです。自分自身の失敗を踏まえて、生徒たちには高校野球の一番大事な部分を教えていきたいと思います。結果は一朝一夕では出ないかもしれませんが、これを続けていけば樹徳の3度目の甲子園が必ず見えてくると思います」

井達監督は、生徒と真っ正面に向き合いながら、共に甲子園へのルートを探っている。結果ではなく過程を大事にすることで違う景色が見えてきた。4年半の空白期間でゼロから1を作ることの難しさを知った。野球は、正直だ。嘘やごまかしが効かない。一瞬、一球を大切に。指揮官は、謙虚な姿勢で野球と向き合った先に3度目の甲子園が見えてくると信じている。

第 6 章

「環境作り 思考作り」

太田

岡田友希

Tomoki Okada

(おかだ・ともき)

1976年8月25日、群馬県邑楽郡邑楽町生まれ。太田一早稲田大。大学卒業後、臨時採用で母校・太田を4年指導。県教員採用後、利根実業に着任し2012年まで監督。2013年度から再び太田高で指導。2021年春季県大会において県ベスト4。太田時代は左翼手で4番主将。保健体育科教諭。

王者・前橋育英コールド撃破の秘策とは？

2021年春季群馬県大会3回戦

太田	0	0	0	7	3	0	0	10
前橋育英	1	0	0	0	2	0	0	3

（7回コールド）

衝撃のコールド劇だった。多くの高校野球ファン、そして関係者がスコアを見返したことだろう。2021年度の春季群馬県大会、県屈指の伝統進学校・太田が波乱を起こした。3回戦で前橋育英を10対3の7回コールドで下したのだ。「勝ちに不思議な勝ちあり、負けに不思議な負けなし」。プロ野球界の名将として知られた故・野村克也氏は、江戸時代の剣士・松浦静山の言葉を借りて勝負をこう表現していたが、太田の「金星」は、果たして不思議な勝ちだったのだろうか。

澤田大和主将は、その日の野球ノートにこう書いた。「相手がどんなチームであろうと、自分たちの野球をやりきれば勝てるという強い自信になった。育英に勝つことができたのは、たまたまではないと思う」

この試合を紐解きながら公立進学校・太田躍進の要因、そしてOB指揮官・岡田友希監督の指導法を探っていく。

新チームが動き出したとき、澤田主将を始めとする選手たちには葛藤があった。「文武両道」を掲げるチームだが、どうしても勉強へ意識が傾いてしまうことが多かった。練習の合間にも気づけば、勉強やテストの話が話題に上がってしまっていた。それは高校生として決して悪いことではないが、このままではどちらも中途半端になってしまう。選手たちは最初の全体ミーティングで、「文武両道」について話し合い、どちらも100％で臨むことを確認し合った。ときには意見がぶつかり軋轢を生むこともあったというが、その都度、みんなで目標を再確認していった。

澤田主将は「勉強も大事ですが、高校野球をやっている以上、悔いは残したくないのでグラウンドにいるときは野球が100％、机に向かっているときは勉強が100％でなければいけないと考えました。僕たちが目指すのは甲子園。公立高校でも甲子園に行けることを示したい。キツくても、みんなで力を合わせて努力していこうと話しました」と振り返る。選手たちの挑戦はそこから始まった。

春季群馬県大会3回戦太田対前橋育英戦は、2021年4月21日に群馬県営敷島球場でプレイボールとなった。前橋育英は、2013年に夏甲子園で初出場初優勝、2016～2019年まで県内夏4連覇を果たした、言わずと知れた強豪だ。2020年秋は準々決勝で健大高崎に敗れてベスト8に終わったが、過去3年の群馬県大会では健大高崎、桐生第一の私学強豪にしか敗れていない。2021年夏へ向かう前橋育英は今季も全国レベルの力を誇っていた。下馬評は、前橋育英の圧倒的優位。だが、太田が〝横綱〟

を豪快に放り投げてみせた。猫だましのような奇襲ではなく、がっぷり四つの真っ向勝負で土をつけたことに大きな価値がある。

太田の先発は、左腕エース大舘陽七薫。左オーバーの整ったフォームからしなやかに腕を振り、130キロ弱のストレート、スライダー、チェンジアップなどを四隅に投げ込む正統派。ピンチでも動じない強心臓と、インコースを強気に攻める投球術が特長だ。

太田は、秋季群馬県大会後の11月に前橋育英と練習試合を行い大量失点で大敗していた。その試合では序盤に失点を重ね、一方的なゲームになってしまったという。だが、そのデータと肌感覚が、チームには蓄積されていた。ポイントは、序盤をどう抑えるか、もし失点しても最小限で耐えられるか。春季3回戦、太田は1回に四球と失策も絡んで1失点し、なおもピンチを迎えたが、大舘が後続をきっちりと断って1点で凌いだ。試合は、0対1のスコアのまま3回まで進んだ。

試合が動いたのは4回表の太田の攻撃時だった。相手投手陣の乱調を突いて一死満塁から相場優の犠飛で1点を返すと、2死満塁から糸井達輝の中前タイムリーで逆転に成功する。さらに満塁から澤田主将の走者一掃3塁打で3点を追加。この回に打者12人の猛攻で一挙7点を奪ってみせる。太田の勢いは止まらない。続く5回には糸井の2点3塁打などでさらに3点をスコアボードに刻んだ。

太田は、その裏に2点を返されて10対3で6回へ向かうことになった。7点差はあるものの、前橋育英の打線に火がつけば決して安全圏ではない。勝負に、セーフティーリードはない。その危険性を、アウトを積み上げることで消していくのが野球だ。

番狂わせには監督の勇気が必要

太田は、本気で勝つつもりだった。球場入りした際に岡田監督は、リードした場合を想定して、村岡祐介コーチに助言を求めていた。高校時代の同級生であり昨年度まで前橋高校硬式野球部顧問、そして軟式野球部監督を務め、今年度から母校太田へ異動となり共に指導にあたっていた。

前橋育英対策を練り上げてきた二人は、当日朝まで投手起用について意見をかわした。エースと心中か、継投か。

ブルペン担当の村岡コーチは、エース大舘と2番手の右腕・寺島優の継投を薦めた。エース大舘が正統派ならば、寺島は右の変則で横ズレの変化球を投げ分けられるタイプ。球速こそないがバットを振ってくる前橋育英打線にはハマるとにらんでいた。村岡コーチは「選手たちが勝負に出ていくのであれば、監督も勝負しなければいけないのではないか。寺島は打者一巡だったら抑えられる。勇気を持って決断してほしい」と指揮官に伝えて、控え部員と共にスタンドへ上がっていった。金星の陰には、ベンチに入れない名参謀の助言もあったのだ。

千載一遇のチャンス。太田は、コールドで〝仕留める〟つもりだった。点差が詰まり終盤にもつれれば「金星」が手元からすり落ちる可能性もある。

岡田監督は6回に、村岡コーチの進言通り、エース大舘に替えて、右サイドハンドの寺島をマウンドへ送った。左から右への継投効果は、てき面だった。前橋育英打線は、寺島のインコースへの釣り球と外へ流れるボールにタイミングをズラされ、6回は凡打3つで三者凡退。7回は2死後に四球と内野安打で二人のランナーを出したが、後続を外飛に打ち取りゲームセット。太田は、前橋育英を下してのベスト8進出を決めた。

9回までの戦いを想定しながらも7回で終わりにできるゲームは、7回でクローズする。太田は、準々決勝で優勝候補・高崎商を8対1で再びコールド撃破、準決勝では、優勝校となった関東学園

大附に5対6の僅差で敗れて春季大会を終えた。2020年度、東京大4人、京都大3人、早慶34人合格などの進学実績を残した伝統校の躍進は、驚きを持って報じられた。

背番号なき大学時代

母校で指揮を執る岡田監督は1976年8月25日、群馬県邑楽郡邑楽町生まれ。太田時代は4番レフトでキャプテンを務めていた。高校2年の秋季群馬県大会で準優勝し関東大会へ。関東大会では桐蔭学園（神奈川）に敗れて、センバツへの道が断たれた。夏の群馬県大会では、準決勝で前橋工に敗れてベスト4で最後の夏を終えた。その時の前橋工の1学年下には現・玉村高校の五十嵐卓也監督がいた。

甲子園に手が届きそうで届かなかった高校時代。当初、大学は薬学部への進学を志望していたというが、担任の星野寛一先生（前橋東前校長）から野球指導者の道を聞き、早稲田大人間科学部へ進学した。早大では当初、準硬式野球部に入っていたが、硬式への未練があり、大学1年生の秋に準硬式を退部し硬式野球部へ。通常、途中入部は認められないというが、特例で認めてもらったという。ただし、半年遅れの入部となったために難しい時間だったという。また全国の強豪校から集まってきた選手たちの中で自身の力不足も痛感させられた日々だった。

半年が経過したあとに、自分の居場所がないと感じて退部届けを持って、佐藤清監督（当時）の元を訪ねた。途中入部に加えて力不足、チーム戦力になっていなかったので簡単に受領されると思ったが、返答は思わぬものだったという。

「お前、野球が好きなんだろう。指導者になるという目標があるのに、中途半端で辞めていいのか。すぐにユニホームを取りに行って、そのまま練習に参加しろ！」。恩師の厳しく、かつ温かい言葉を受けて、再びグラウンドへ戻った。グラウンドに居場所はなかったが、ベンチでは仕事があった。岡田監督は、練習に食らいつきながらも、バッティングピッチャーなど裏方として試合メンバーを支えた。

岡田監督は「高校まで恵まれた環境で野球をやらせてもらって自分の中では自信があったのですが、大学では中途入部で、しかも六大学野球のレベルに達していなかったので居場所がありませんでした。でも佐藤清監督に喝を入れてもらって、居場所は与えられるものではなく自分で作っていかなければいけないと思いました。それによって控えや裏方の気持ちを理解できるようになりました。それがいまの指導に役立っています。あのまま硬式野球部を辞めてしまったら、控え選手の気持ちも分からなかったですし、違った道を歩んでいたかもしれません」と、大学時代を振り返る。大学時代の公式戦出場は2年生の新人戦の2試合のみ。3年半、背番号なき野球部時代を過ごした。

進学校で勝つための指導とは？

大学卒業後は、臨時採用として4年間、母校・太田で指導する機会を与えられた。最初の1年は古澤慶二監督のもとでコーチを務め、2～4年目まで監督として後輩たちと共に戦った。その時代の教え子の一人には、現・伊勢崎清明の高田繁監督がいる。

岡田監督は、4年目で採用試験に合格。母校・太田を離れて、初任地として利根実業へ着任した。群馬県北部の沼田市にある実業高校。初年度の野球部員は新入部員12人を合わせて約20人いたが、ボールが7球しかなかったという。太田、早稲田大とはまったく違った環境。新人監督は、選手たちに寄り添いながら野球に情熱を傾けた。

「環境は整っていなかったのですが、選手たちが本当に一生懸命やってくれていました。自分自身も若かったですし、生徒たちのために結果を残したいと思いました。当時の利根実の生徒たちは、卒業後に就職する子も多かったので、高校野球を通して人間力を身につけさせ、即戦力として社会で活躍できるような指導を心掛けていました」

当初はなかなか結果が出なかったが、上州の各大会で名将たちに揉まれながら指導者としての経験を積んだ。そして利根実10年目の2012年夏に、学校史上初のベスト8進出を果たした。準々決勝で敗れたあとに、選手たちが本気の涙を流してくれたことがうれしかった。実績のない自分についてきてくれた選手たちが、誇らしかった。

その冬、北毛の地をあとにした。次の任務地は、再び母校・太田だった。岡田監督は「前任の利根実でも太田でも、チームを勝たせたいという気持ちは同じです。ただ、私の場合は、母校の監督になりたいという夢を追って、教員になったので特別な思いがあります。いまは後輩と一緒に甲子園へ行くために練習をしています」と夢を追う。

利根実での10年のキャリアによって指導の手応えをつかんだ岡田監督は、2013年春に太田へ異動となり、その秋から指揮を執った。再び、情熱を前面に出して後輩たちにノックを打ち込んでいった。

2014、2015年に指導を受け現在は県教員を目指すOB大﨑椋太（現・太田外部コーチ）は「岡田先生はまさに熱血監督そのものでした。教えたいことがたくさんあったのだと思いますが、練習開始前に30分、練習終了後に30分、スイッチが入ると軽く1時間以上の〝講義〟が始まりました。僕らは足がくらくらでしたが、進学校で勝つための方法を真剣に考えてくれて、それを僕らに伝えてくれたのだと思います。高校3年生になって、監督から言われるだけではなくて自分たちでしっかりと考えて戦っていかなければ勝てない、と考えるようになりました。そこからチームは戦えるようになっていったと思います」と当時を思い起こす。大﨑は3年間にわたり指導を受けたが、その間に指揮官の指導法が変わっていったのを感じていたという。そして2015年夏にベスト8進出という結果を残した。岡田監督には、おぼろげながら「進学校の野球」のイメージが浮かんできていた。

目標達成シートで生徒の力を引き出す

選手の力を最大限に引き出すには、どうすればいいのか。岡田監督は、利根実時代から生徒たちと共に取り組んできた「PDCAサイクルの目標達成シート」を太田で本格的に導入することにした。

様々な企業の資料や書籍を参考に、「PLAN（計画）」「DO（実行）」「CHECK（評価）」「ACTION（改善）」

の一般的なシートを用意、毎月初めに生徒たちに記入してもらった。項目は、「打撃」「守備」「走塁・体力」「上下半身筋力・体幹」「勉強・生活面」の5つ。これらの項目に対して「理想」「現状分析」「練習内容や方法を具体的に記入」を埋め、月末に「成果と評価・反省」によって振り返る仕組みだ。

言語化の大切さを説く岡田監督は「利根実時代も太田の初期でも、毎日の練習時間、2年半という高校野球生活を有効に使うかを考えたときに〝待てなかった〟のです。本当は生徒に考えてほしいのですが、限られた時間を考えたときに自分で答えを出して、すぐに伝えてしまっていたのです。この方法だと確かに効率は良いのですが、生徒たちにとって最善かどうかを考えると、違ったアプローチが必要だと思ったのです。『PDCAサイクルの目標達成シート』もその一つ。生徒たち自らが目標を立てて、目標達成のために方法を考えて、振り返っていくことが大切なのではないかと思います。私は、意志と行動が大切だと考えて、常に生徒に伝えています。いまは生徒たちが考えて行動してくれるのをじっと待っています」と頷く。

「答えを伝えること」も大事だが、「待つこと」も生徒を成長させる術。指揮官は、野球指導の現場でそれを学んだ。

2021年度3学年計35人の太田は、リーダー制を採用している。チーム、内野、外野、捕手、打撃、トレーニング、体重、走塁の各グループを立ち上げて、3年生がリーダーを務める。キャプテンは各リーダーとミーティングを行ったあとに、全部員と話し合いながら方針を立てていく。

今年からは月次の「PDCAサイクルの目標達成シート」に加えて、打撃、投手など各部門リーダーによる「1週間のスケジュール管理シート」も取り入れた。家具チェーン大手のニトリホールディングスが採用している社員教育ツールを参考にしたという指揮官は、個人とチーム両面での成長の重要性を認識し、個人とグループの両輪を動かしていくような組織を作っていった。

教育現場のみならず成長企業からも学ぶ指揮官は「生徒たちの負担が多くなってしまうかもしれないとも思いましたが、選手たちは空いた時間を利用してシートをしっかりと埋めてきてくれています。最初は、論点が曖昧だったとしても書き続けることで改善されていきます。自身の課題に対しての言語化ができてくると、選手はぐんぐん伸びていくのです。選手たちが成長する姿を見たときに、うちはここで勝負するべきだと強く感じました。記述シートは、どこにでもあるような一般的なものかもしれませんが、それを継続していくことで、選手たちの思考力が伸びていきます」と、束になったファイルを指差した。

太田は、月次レポート、リーダーウィークリーレポートのほか、個人の野球ノート、そしてグループノートを選手同士で回していく。先輩たちから今の選手たちまで、部員全員で綴ってきた数々の言葉が、太田躍進の原動力だ。

指導歴23年の岡田監督は、指導者の役割を「環境作り 思考作り」と表現する。選手たちが野球に打ち込める環境を作ると同時に、考える土台を作ることが大切だという。

「野球でも勉強でも、私たち教員が教えられることは限られています。ただ、選手たちが考える力は無限です。選手ミーティングなどを聞いていると、私たち大人が考えもつかないようなことを話したりしています。生徒が考えることを止めては決していけません。選手たちの思考力を最大限に高めるための組織や仕組み作りが必要だと感じています」

太田は、これまでに多くの指導者を輩出、今も教員を目指す生徒が多いという。今年度も澤田主将を始め、数人が教員を目指し将来の野球部指導を夢見ている。太田の伝統はこうして継承されていく。

思考の言語化そして体現化が躍進の原動力

太田の進撃は、3回戦・前橋育英戦の勝利に留まらなかった。準々決勝・高崎商戦の前日、岡田監督は浮かれるチームを一喝した。

「こんな雰囲気で練習するなら意味がない。高崎商に大敗すれば、前橋育英戦の勝利はまぐれだと言われても仕方がない。それでもいいのか」。村岡コーチは「前橋育英に勝ったことがゴールではない。このチームはまだ何も成し遂げていない」と追随した。

指導者たちの言葉によって我に返った選手たちは、準々決勝・高崎商でも力強い戦いをみせた。2回に1点を奪われたが慌てることなく戦い3回までに3対1と逆転に成功。6回の猛攻で4点を奪うと、7回に1点を加えて、3回戦に続いて7回コールド勝ち。前橋育英戦勝利が偶然ではなかったことを結果で示した。26年ぶりの春ベスト4となった太田は、準決勝・関東学園大附では序盤にリードを許しながらも決死の戦いをみせ、7回時点で4対4に追いつく。しかし、最終的に優勝した相手に寄り切られて5対6で屈した。太田は帰りのバス車内でミーティングを行うのが恒例となっているが、準決勝後はだれもが肩を落とし、話し合いができる雰囲気ではなかったという。26年ぶりのベスト4でも満足はしていない。選手たちは、悔しさを胸に焼き付けて大会をあとにした。その悔しさを持ち続ける限り、甲子園への道は拓ける。

太田の練習場ベンチ壁には、色あせた一枚の掲示板が掲げられている。代々の先輩たちが目標やスローガンを記したものだ。【「こだわり」「厳しさ」「求め合い」】、【「力を出す」「一球勝負」の繰り返し】、【「教訓を忘れない」】……。選手たちは、過去の文字の隙間を縫うように文字を書き、後輩へとメッセージをつなぐ。この掲示板は、伝統校・太田がこれまでの大会で積み重ねてきた歴史でもある。2021年春、この掲示板には新たな結果が加えられる。そして、いつか「初甲子園出場」という文字が刻まれるはずだ。

「雑草魂」

第7章

桐生第一

今泉壮介

Sousuke Imaizumi

（いまいずみ・そうすけ）
1979年9月21日、群馬県みどり市（旧笠懸町）生まれ。桐生第一―関東学園大―全足利クラブ。2012年から桐生第一コーチ、2018年秋から監督に就任。2019年秋季県大会優勝、関東大会4強で2020年センバツ出場権獲得。同センバツがコロナ禍で中止となったため2020年センバツ代替交流戦出場。2020年夏の独自群馬県大会で優勝。学校職員。

一般企業から高校野球指導者へ

「幻のセンバツ」だった。1999年夏の甲子園で群馬県勢初の全国制覇を果たすなど「平成」という時代を駆け抜けて一世を風靡した桐生第一。創部からチームを率いて一時代を築いた福田治男監督が2018年夏に退任となり、コーチを務めていたOBの今泉壮介監督が指揮を執ることになった。一般企業で10年以上も働き、その後に指導者になったという意味では異色の経歴の持ち主だ。

突然の監督交代劇。戸惑いを感じながらも母校で指揮を執ることになった今泉監督は、2018年の秋季群馬県大会で準優勝となり関東大会へ進出する。1回戦で習志野（千葉）と延長14回の激闘を演じたがタイブレークの末に1対3で惜敗。監督初陣でのセンバツ出場は逃した。

しかし、翌2019年の秋季群馬県大会を制すと、関東大会が地元群馬開催だったためスーパーシードで決戦へ臨んだ。準々決勝からの登場で、1勝すればセンバツ出場が当確となる。

指揮官は、桐生第一時代の2学年後輩だった正田樹（元日本ハムなど）に連絡を取った。正田たちの代は2年生秋の関東大会にスーパーシードで出場したが、惜しくも敗れてセンバツ出場を逃した経験をしている。

正田は翌1999年夏に全国制覇を果たすことになったのだが、スーパーシードの秋季関東大会は苦い思い出となっていた。今泉監督から助言を求められた正田は「1勝すれば甲子園に行けるという甘さがあれば、やられてしまう。スーパーシードという立場は忘れて、悔いのない準備をしてほしい」とアドバイスを送ったという。

準々決勝の相手は、初戦で霞ヶ浦（茨城）を下して勝ち上がってきた桐光学園（神奈川）。大会屈指の好投手・安達壮汰を擁したチームは優勝候補だった。正田からのアドバイスを受けて気を引き締めていた今泉監督は、桐光学園の初戦を現地でコーチ陣らと共にスカウティング。相手左腕エースの一挙手一投足に目を光らせた。すると、ある事象に気付いた。

サウスポーは1塁牽制においてアドバンテージがあるにもかかわらず、牽制をまったく投げなかったのだった。牽制の癖を悟られたくないのか。それとも勝負所でランナーを刺すための駆け引きなのか。今泉監督ら桐生第一コーチ陣は、相手エースの動きをじっと凝視していった。そして、ふとした仕草から、牽制を嫌がっているように感じた。

迎えた準々決勝・桐光学園戦で、桐生第一はランナーが出ると大きくリードを取っていく。最初のクイックでの牽制で、相手投手が投げた牽制球は一塁ベースの手前で大きくバウンド、相手の動揺が見えた。スカウティングの成果だった。リードを嫌がると必然的にストレートが増えた。ストレートに狙いを定めた桐生第一は、相手エースの更なる動揺を誘うと4回に中島優月の満塁本塁打などで一挙6点を奪った。ゲームの主導権を握り、終盤にも加点して10対4の勝利。ベスト4進出を決めて、センバツ出場を大きく手繰り寄せた。電撃就任からわずか1年でのセンバツ当確だった。

翌年1月、吉報は届いた。今泉監督は「センバツ出場は、多くの方々の協力があってこそ。おごることなく、感謝という言葉をしっかりと胸に刻んでいきたい。名門を率いるというプレッシャーもあった中で、選手と一緒にどうすれば甲子園へ行けるのかを考えながらやってきました。桐生第一としては6回目のセンバツですが自分にとっては初めての甲子園なので、挑戦者の気持ちを忘れず、まずは1勝できるように、そして更なる高みを目指して、しっかりと準備をしていきたいと思います」と喜びをかみ締めた。

かつての仲間、コーチ、選手を信じて無我夢中で必死になって戦った結果の成果だった。しかし、その後は想定外の展開となっていった。桐生第一にとって4年ぶりのセンバツは、新型コロナウイルス感染拡大によって中止となったのだった。

生徒が成長できる環境を整える

1979年群馬県みどり市（旧笠懸町）生まれ。元桐生市商主将の父・一雄さんの影響で物心ついたときからグローブがそばにあった。笠懸中1年だった1991年春、桐生第一が初めて甲子園へ出場したセンバツの試合を車のラジオで聞いていた。

そのゲームは2回戦の帝京戦（東京）。甲子園常連の名門に対して桐生第一は8回を終えて5対7と崖っぷちに追い込まれていた。迎えた9回表、2死1・2塁から右の強打者・大川雅基が放った打球はライトラッキーゾーンへ飛び込む逆転3ラン。「桐生第一が土壇場で逆転しました！」。ラジオ実況が、その様子を興奮気味に伝えていた。桐生第一は帝京に勝利し初出場でベスト8へ進出した。それが桐生第一の甲子園の歴史の始まりだったが、今泉はその3年後に縦縞のユニホームに袖を通すことになる。

甲子園への階段を駆け上がり始めたチームの練習は厳しかった。入学した1995年夏に先輩たちが甲子園出場を決めて、初めて聖地へ足を運んだ。アルプススタンドから見た広いグラウンド。自分もここでプレーしてみたいと思った。

今泉は必死になって練習についていき、2年夏に内野手の控えでベンチ入り。しかし、そのチームは夏季群馬県大会3回戦で敗退し、新チームが早々にスタートした。チーム始動のとき、突然、キャプテンに指名された。

「人前に立つタイプではなかったですし、キャプテンに指名されるとはまったく考えていなかったので言葉が出ないくらい驚きました。自分には、とても無理だと思いました」

その代のチームは今泉を含め3年生のレギュラーは3人で、それ以外は下級生。試合に出られない3年生がベンチを温める状況、主将としてチームマネジメントが難しかった。夏の群馬県大会はベスト8で敗退した。

「負けた悔しさはもちろんあったのですが、肩の荷が下りたことでホッとしてしまった自分がいました。練習よりもキャプテンというポジションがつらくて、あのときの自分にはチームをまとめる力も、桐生第一のキャプテンとしての器もなかったのだと思います。ただ、僕の場合は、それがゴールではありませんでした。力がなかったからこそ、まだ野球がしたいと思ったのです」

高校野球生活が終わり、安堵した気持ちがあったが、同時にやりきれなかったという後悔も残った。大学で野球を続けることを決めて、関東学園大へ進学する。

当時の関東学園大は関甲新学生野球連盟1部リーグで上武大と覇権を争うチームだったが、練習は学生が主体だった。それでも力を維持して同リーグで優勝争いを展開していた。やるも、やらないも自由。高校とは違った環境が新鮮だった。

「大学では自分たちで練習メニューやメンバーを考えて、試合へ臨んでいきました。高校時代は野球を1から教えてもらったのですが、大学では教えてくれる人がいなかったため自分たちで学んでいきました。高校時代はキャプテンを任せてもらっていたので自分のことよりもチームのことで容量がいっぱいになってしまいましたが、大学では自分自身の技術を高めることに集中できたので、野球を楽しめているというか、初めて自分で野球をやっているという感覚がありました」

大学2年生だった1999年夏、桐生第一の2学年下の選手たちが甲子園で快進撃を続けた。左腕エース正田を軸にトーナメントを駆け上がると、準々決勝で桐蔭学園（神奈川）、準決勝で樟南（鹿児島）に勝利し、決勝へ進出。決勝戦では岡山理大附（岡山）を14対1で下して全国制覇を果たしたのだ。今泉は後輩たちの快挙を大学で観ていた。

「全国制覇を成し遂げてくれたのは、僕らが高校3年生だったときの1年生です。後輩たちが誇らしかったですし、キャプテンだった自分の苦労が少し報われたような気がしました。甲子園の決勝戦は大学の仲間たちと一緒にテレビを観ていて、一緒に校歌を歌った記憶があります。なんとも言えない喜びでした」

大学3年生のとき、同リーグでの優勝も経験した。自分たちでつかみ取ったタイトルは格別だった。

「大学の野球環境が自分に合っていたことによって個人的にも成長できたと感じています。これは野球でも仕事でも同じだと思うのですが、自分に適した環境が大切だと感じるようになりました。その経験があったので、指導者になったあとも生徒たちが成長できる環境を整えていかなければいけないと思うようになりました」

やり続けた先に得られるものがある

野球の魅力、奥深さをさらに知った今泉は、大学卒業後も野球を続けたいと思うようになり、栃木県足利市で活動する社会人野球「全足利クラブ」に加入した。飲料水販売会社で働きながら夕方から練習に参加する日々。目標は高校時代の「甲子園」、大学時代の「明治神宮大会」から「全日本クラブ選手権」「都市対抗野球」へと変わった。社会人野球チームの多くは企業チームだが、全足利クラブは地域に支えられた市民球団。地域の支援を受けながら、自分らしく野球ができたことは大きな財産になった。

「自分は高校時代に甲子園にも行けなかったですし、大学でも全国的な結果は残せていません。やりきれていない気持ちがどこかにあったから、社会人でも野球を続けたいと思いました。そして野球をやり続けたからこそ、道がつながっていったのだと考えています。多くのことを経験するのはもちろん重要ですが、一つのことをやり続けた先にだけ得られるものもあると思っています」

28歳で現役引退したあとは、仕事に没頭。現役時代に6年間も野球を支援してもらった会社に骨を埋める気持ちだった。引退から4年が経過した32歳の2012年、母校・桐生第一から専任コーチを探しているという連絡が入った。高校時代に結果を残せなかったトラウマが脳裏をよぎった中で、大学、社会人での10年間の野球経験を生かしてみたいと考えるようになった。岐路に立ったら、厳しい道へ。これは野球を通じて学んだことだ。それが、高校時代に迷惑をかけた恩師・福田監督へのささやかな恩返しになるとも考えた。高校野球指導ができるタイミングは最初で最後。母校の後輩のためにもチャレンジしてみたいと思った。

新米コーチとして母校へ戻ってきた今泉は、Bチーム（2軍）担当になった。現役時代はキャプテンとしてAチームをまとめていたため、Bチームの状況はほとんど見ていなかった。コーチになって控え組を任されたことで、高校野球の別の世界を知ることになった。Bチームには、必死に努力する選手もいる中で、諦めてしまっている選手たちもいた。モチベーションに差があるチームをどうまとめていくか。気持ちが落ちてしまっている選手たちも、そばに寄り添い、親身になってアドバイスを送ることで成長していく。選手育成。これまでとは違った仕事に、やりがいを感じた。

「チームは、試合に出ている選手たちだけのものではありません。1軍も2軍も含めて全員が桐生第一の一員。Bチームが頑張ることでチーム全体の底上げにもなりますし、昇格した選手が活躍すればBチームに活気が生まれます。高校野球の場として桐生第一を選んでくれた生徒たちなので、たとえ試合に出られなくても生徒たちを成長させてあげたいという思いで指導をしていました」

桐生第一は、2014、2016年のセンバツに出場。今泉コーチは、Bチームの選手たちと一緒に甲子園のアルプススタンドから声援を送った。高校1年時以来の甲子園だったが、コーチとしての立場から見た甲子園球場は当時よりも大きく感じた。

「現役時代は、自分たちの力で甲子園に行けなかったので、やはり甲子園は感慨深いものがありました。コーチとして、選手たちが甲子園出場という目標を達成できるように、サポートしていかなければいけないと強く思いました。コーチとして甲子園に行かせてもらって、私自身も身が引き締まる思いでした」

自分のためではなくチームのために

　今泉がコーチとして携わっていた桐生第一は2014、2016年に2度、センバツ出場を果たしたが、夏の選手権は2008年以来遠ざかっていた。2010年代に入り、私学新興勢力の健大高崎と前橋育英が立て続けに甲子園初出場を決めていく。健大高崎は2012年のセンバツでベスト4進出。前橋育英は、群馬県勢としては1999年の桐生第一に次いで、2013年夏に全国制覇を果たした。2013年以降、夏の選手権は前橋育英と健大高崎の2強が独占していく。今泉は、Bチームを指導しながらも、時代の潮流が変わっていくのを肌で感じていた。OBとして、指導者としてなんとかしたいと思った。自分の役割は、Bチームの選手をしっかりと育ててAチームへ送り出すこと。裏方の仕事だったが、責任とプライドを持ってグラウンドに立った。

　裏方の立場が一変した。2018年8月下旬、桐生第一創部からチーム強化に尽力した福田監督がチームを離れることが決まった。1999年に全国制覇を成し遂げるなど春夏通算14度の甲子園出場を果たした名将の退任によって、今泉コーチが監督に繰り上げとなった。本人にとっては、まさに青天の霹靂《へきれき》。秋季群馬県大会開幕の1週間前の出来事だった。秋季大会の抽選会は福田監督が出席したが、その翌日に学校側から打診を受けた。そしてその週末が大会初戦だったという。

「あまりにも突然のことで僕自身も頭の整理ができませんでした。世間の人たちは、『今泉？　だれだ？』という感じだったと思いますし、プレッシャーしかありませんでした。実を言うと、2018年度で僕自身がコーチを辞めることを決めていて、福田先生にも伝えていたのです。8年間コーチをやってきて、福田先生の力になることもできませんでしたし、結果を残せないことに関しての責任の一端を感じていました。年齢的にも40歳の手前でしたし、野球指導現場から離れて他の道へ進もうと。そんな状況だったので、突然の監督交代という話が整理できなかったのです。僕自身、平日はBチームを見ていましたし、週末は選手募集担当で中学の試合を観に行っていたので、Aチームの選手の力はほとんど分かりませんでした。それでも大会が始まるので、ほかのコーチたちに話を聞きながら試合に備えることになったのです。自分のためではなくて、生徒、そして学校のためでした」

試行錯誤の初采配となったが、その大会で準優勝。その年の関東大会では勝ち上がれずにセンバツ出場こそ逃したが、関東大会出場という結果を残して激動の秋を終えた。

2019年夏の群馬県大会は準決勝で前橋育英に惜敗した。試合後のラストミーティングで、今泉監督は、指導体制変更での混乱、自身の経験不足を詫びた。当時の工藤ナイジェル主将は「今泉監督に指導してもらって野球がもっと好きになりました」と打ち明けた。背番号をもらえなかったメンバー外の選手たちも、指揮官へ感謝の意を伝えたという。指揮官をサポートする桐生第一OB小山昌丈外部コーチは「今泉監督は、レギュラーだけではなくメンバー外の選手、コーチを含めて、チーム全員から頼られている兄貴的存在。心の底から男にしてあげたいと思える監督です。チームはこれから絶対に強くなります」と惚れ込む。選手、コーチを含めた一体感が、桐生第一復活の原動力だ。

人間的成長なくして技術の進歩なし

新チームで挑んだ2019年の秋季群馬県大会で優勝し、地元開催のスーパーシードで関東大会へ臨んだ。2年目の指揮官にとって運命をかけた関東大会だったが、開会式前日に2歳上の姉・亜希子さんが病気で他界した。小さいころから一番身近な場所で応援してくれた姉。姉がいたから、ここまで頑張ることができた。監督就任を伝えたときも、「大丈夫。絶対に甲子園に行ける」と勇気付けてくれた。その姉はもういない。悲しみをこらえてグラウンドに戻った今泉監督は、選手たちに向かって「このチャンスを逃すわけにはいかない」と強く語りかけた。それは自分自身への檄でもあった。

桐生第一は準々決勝・桐光学園戦に10対4で勝利、センバツ出場が当確となった。指揮官はその夜、甲子園出場が確実になったことを姉に報告した。選手たちに救われた気がした。姉の息子、今泉監督にとっては甥っ子が、2020年春に桐生第一に入学。母が大好きだったグラウンドで、今泉監督の指導のもと夢を追っているという。

関東大会ベスト4進出。チームは2020年1月にセンバツ切符を正式に授かることになった。廣瀬智也主将、左腕エース宮下宝、工藤ジョエルを軸にセンバツへの準備を進めたが、コロナ禍によって無情の中止。さらに夏の甲子園大会も中止となった。救済措置としてセンバツ出場校の代替試合として甲子園での交流試合1試合が予定されることになった。今泉監督率いる桐生第一は、2020年夏の独自群馬県大会を制し、甲子園交流試合へ出発。今泉監督は初めて甲子園の土を踏んだ。自力で、辿り着いた甲子園だった。

「人間的成長なくして技術の進歩なし」。今泉監督が大事にしている言葉だ。元ヤクルト指揮官のプロ野球レジェンド故・野村克也氏の格言だが、事あるたびに選手たちへ伝えている。

「野球はAI（人工知能）やコンピューターゲームではなく、生徒たちが考えて、プレーするスポーツです。だからこそ、心の成長、人間的な成長が必要だと考えています。野球の技術はすぐには上達しませんが、挨拶、目配り、気配り……これらは意識を持つことで必ずできるようになります。人間的な成長が見られる選手は、必ず技術がついてくると感じています。僕自身は、桐生第一という伝統あるチームを指導させてもらうことで成長させてもらっています。この2年半で学んだ価値ある経験を、チーム、選手のさらなる成長につなげていきたいと考えています」

2018年秋の監督就任から約2年半が経過した。今泉監督率いる新生・桐生第一は、最近7度の群馬県大会で2度の優勝、1度の準優勝、3度のベスト4という好結果を残している。しかしながら、時代が刻一刻と動いていく中で、試行錯誤が続くという。勝利のルートは、いまだその入口すら見えない。名門の歴史を継承する責務を担う指揮官は、監督として結果にこだわりながらベンチに立つ。

「伝統あるチームを率いる以上、結果が求められると考えています。コーチ時代とは違った、プレッシャーを日々感じながら1日1日を過ごしています。選手にとっては結果がすべてではありませんが、指導者の評価は結果。チームは年間を通じて練習をしていますが、演劇で言えば練習は稽古です。僕たち指導者は生徒の成長を促す一方で、本番で結果を残すことが役割だと考えています。桐生第一としての輝かしい歴史がある以上、恥ずかしい結果でその歴史を上書きするわけにはいきません。結果が出なければ未来はないという気持ちで指導にあたっています。監督として2年半が経過しましたが、2019年の秋季関東大会での『1勝』がセンバツにつながり、その後のキャリアを大きく変えてくれています。あの試合で勝てていなければどうなっていたか分かりません。生徒たちには、人生の大一番で結果を残せるような選手になってほしい。たとえ、そこで結果が出なかったとしても歯を食いしばって次にチャレンジできる強さを身につけてほしいと思います。そのサポートをしてあげるのは、僕ら指導者の役割だと考えています」

ここからが本当の勝負だと考えている。指揮官が向かう上州のトーナメントは、健大高崎、前橋育英の2強を筆頭に実力校がしのぎを削る。群雄割拠の戦国群馬を勝ち上がるのは容易ではない。指揮官の根底にあるのは、「雑草魂」だ。

「高校卒業後は関東学園大と全足利クラブでプレーしましたが、全国的に見れば無名のチームですし、個人としても何の実績もありません。大学時代も、クラブチーム時代もプライドを持ってプレーしていましたが、桐生第一の監督としてふさわしいキャリアかどうかといえば、そうではないと考えています。その意味では僕は野球エリートではなく雑草です。だからこそ、こんな自分でも甲子園で勝てるということを示したいと思っています。過去の経歴や実績は変えることができないので、振り返っても仕方がありません。いま置かれた立場で何ができるかが大切だと考えています。野球でも社会でも、エリートと呼ばれる人はほんのひと握り。僕自身が雑草だからこそ、エリートには負けたくないと思いますし、エリートではなくても勝てる、エリートではなくても戦えることを証明したいと思います。高校野球の舞台に立つ選手たちには大きな可能性が秘められています。野球でも勉強でも後悔のない選択をしてほしいと願う一方で、逆境に負けない気持ち、どんな環境になっても屈しない雑草魂を養ってほしいと思います」

今泉監督が目指すのは、レギュラー9人だけで戦う野球ではない。部員全員が一体となって、戦う野球。選手たちが不屈の精神を宿したとき、桐生第一は真の復活を遂げる。

第 8 章

「ドミニカ共和国で学んだこと」

渋川青翠

清水哲也

Tetsuya Shimizu

（しみず・てつや）

1980年5月22日、群馬県富岡市生まれ。富岡－高崎経済大　前橋商コーチ・部長、桐生市商部長を経て2015年に渋川青翠監督に就任。前橋商コーチ・部長時代は、春1回夏3回の甲子園を経験し、後藤駿太（オリックス）らを指導した。2018年秋県ベスト4。商業、社会科教諭。

敗戦は失敗ではなく学び

2018年秋季群馬県大会、それまで実績のなかった無名校がいきなり躍進を遂げた。渋川青翠は1977年に渋川西として開校、1998年に渋川青翠へ校名変更し新たなスタートを切った。野球部は、渋川西時代からなかなか結果を残すことができずに、初戦敗退が続いていた。部員減少で単独出場が危ぶまれた時期もあった。渋川市には渋川、渋川工、渋川青翠と野球部がある高校が3校あるが、これまで甲子園出場を果たしたことはなかった。中学時代に実績を残した選手は、隣接する前橋市、高崎市の強豪校などへ進学していった。そんな地域のチームが快進撃を見せたのだった。

2018年秋、インステップの2年生技巧派左腕・宮下侑（群馬ダイヤモンドペガサス）をエースとする渋川青翠は、秋季大会のシードを決める地域大会中毛リーグで、公立の強豪・前橋商に勝利して初優勝。秋季群馬県大会初戦となった2回戦で前橋東に4対0で勝利すると、3回戦では幾多の甲子園出場歴を持つ伝統校・前橋工を3対1で下してみせた。無名校のベスト8進出によって、球場はざわついた。

勢いは止まらない。準々決勝では、私学強豪の優勝候補・樹徳と対峙した。下馬評は、樹徳優位。しかし、渋川青翠はエース宮下、キャッチャー根岸綾世のバッテリーを軸に真っ向勝負。宮下、根岸が打撃でも貢献して5回までに3点を奪うと、エースが7回に1点を失ったものの7奪三振の完投勝利。チームは創部初のベスト4に進んだ。

関東大会出場をかけた準決勝・桐生第一戦でも、勇敢な戦いをみせた。ゲームのターニングポイントとなったのは、初回の守備だった。無死2塁のピンチでエース宮下が巧みな牽制で2塁走者を引き出したが、タッチをかわされて帰塁を許した。もしここでアウトにできていれば、相手の攻撃の芽を摘むことになり、その後の試合の流れは大きく変わっただろう。

結果的にその走者が生還して、初回に1失点した。ゲームは4回を終えて0対1。大事なゲームでの1点の重みは、今までに味わったことのないものだった。百戦錬磨の相手に、必死に食らいついていったが、5回に2失点して主導権を引き渡すと、終盤に失点を重ねて結果的には0対7。8回コールドで敗れたが4強進出という戦果を持ち帰った。「渋川青翠旋風」。小さな公立校の快進撃は、驚きを持って報じられた。

そしてエース宮下が3年生となった翌2019年夏の群馬県大会では3回戦で前橋育英と対戦。0対3で迎えた9回に2点を返して、あわや番狂わせかと思われたが、2対3のまま惜敗。エース宮下をはじめ選手たちは、秋ベスト4、夏3回戦という結果で高校野球に別れを告げた。結果的に2018―2019シーズンの戦いは、渋川青翠というチームの価値を大きく高めることになった。

2015年春から指揮を執り、創部初の4強入りを果たした清水哲也監督は「健大高崎や前橋育英など私学の牙城を崩すには、左ピッチャーが鍵だと考えています。あの代のチームは左腕の宮下がいて本気で甲子園に行こうと思っていましたし、行けるだけの力があったと思います。秋ベスト4に入れたことは評価できますが、細かい部分や見えない部分でやはり差があったと思います。甲子園経験のあるチームからは勝利への執念がにじみ出ていました。準決勝から上へ行くためには、まだまだやらなければいけないことがあります。あの敗戦は、私たちチームにとって『失敗』ではなく『学び』。一つひとつを学びながら、成長していかなければならないと考えています」と振り返った。清水監督率いる渋川青翠は、夢の続きを追っている。

余談になるが、清水監督が考える「左ピッチャーが鍵」というキーワードは、公立校にとって確かなエビデンス（証拠）がある。2019年夏の準優勝・前橋商のエース井上温大（巨人）、2014年夏の準優勝・伊勢崎清明のエース青柳正輝（群馬ダイヤモンドペガサス）、2012年夏の優勝・高崎商・関純と、公立で勝ち上がったチームのエースはいずれも左腕。公立が甲子園を目指す上で、サウスポー投手の育成がポイントになるだろう。

人生に遠回りはない

探究心の強い指揮官だ。清水監督は、1980年5月22日、群馬県富岡市に生まれた。地元富岡に進学すると1・2年生時は大須賀誠一監督、3年生時は蒲谷良充監督という群馬高校野球のレジェンド指揮官から指導を受け、最終学年ではキャプテンを務めた。高校卒業後は、高崎経済大へ進学。大学でも野球を続けたが、就職活動に差し掛かる時期を控えて公務員か金融関係の仕事に就こうと考えていた。そんなとき大学野球部の親友だった人物が無謀にもプロ野球選手に挑戦すると公言していたのを聞いて、うらやましく思った。プロ野球選手を目指すことがうらやましかったのではなく、自由な生き方を選択できることが素晴らしいと思った。

社会のレールに乗って就職するか、自分のこだわりを貫くか。親友の行動が、自分の人生を考えるきっかけを与えてくれた。自分が夢中になってできる仕事は何か。その答えが、高校野球指導だった。

そうして清水は大学3年途中から教職課程を選択すると教員を目指した。進路変更が遅れたため大学4年ですべてを履修することができず、卒業したあとに不足科目を補い、さらに上武大にも科目等履修生として通って、全単位を取得した。暇な時間は、大学の練習に顔を出して汗を流した。1年間の教職留年となったが、夢に向かって進む道に後悔はなかった。

2004年春の新任地は前橋商。1年目は軟式野球部のコーチを務めて春季関東大会で優勝、そして翌2005年に硬式野球部へ異動となった。そこでは富岡潤一監督のもと、コーチとして指導者の第一歩を踏み出すことになる。現役時代は高校、大学での実績がほとんどなかった新人コーチは、名門・前橋商で高校野球指導のイロハを学んでいくことになるのだが、その1年目の夏にチームは甲子園出場を果たした。2005年夏は、塩原元気（現明和県央監督）、エース冨田光紀（現明和県央外部コーチ）を擁して準々決勝で前橋育英、準決勝で桐生第一、決勝で太田市商に勝利し、甲子園切符をつかんだ。富岡監督にとっては甲子園初出場となった。コーチ1年目の25歳で、右も左も分からぬまま、甲子園での外野ノックを任された。アルプススタンドをぎっしりと埋めた前橋商応援団の声援をバックに、ノックバットを思い切り振った。

「硬式野球部のコーチになってわずか5か月後に甲子園に行けたのは、本当に不思議な気持ちでした。高校時代、がむしゃらに努力してもまったく届かなかった場所でしたが、富岡先生の力によって、その景色を見ることができました。自分は教員になるために1年間の教職留年をしましたが、遠回りして良かったと思いました。遠回りだと思った道が、実は近道だったのかもしれません。人生において遠回りはないのかもしれないと思いました。いま言えるのは、目的を持った遠回りこそが、一番遠くまでいける方法だということ。いまの生徒たちが進路に悩んでいたら、そんな言葉を掛けてあげたいと思います」

清水コーチは、2005年夏の甲子園を皮切りに、富岡監督のもとセンバツ1回、夏3回の計4度の甲子園出場を果たすことになる。コーチ（部長）として4度の甲子園経験は、大きな財産となっている。

「富岡先生は、ひと言で表現させてもらえば、情熱監督です。高校野球指導への気持ち、生徒への愛情が、4度の甲子園につながっていったと思います。初任で山間部・嬬恋高での指揮を経験されていて、少ない部員や厳しい環境の中で戦ってきた先生なので、指導に深みを感じました。富岡先生の野球を、身近な場所で学ばせてもらったことに感謝しています」

大会で勝てずにコーチとして悩んでいたときは「コーチのお前が責任を感じることはない。責任を取るのは俺だ。コーチは、選手と一緒に汗を流して、勝ちたい気持ちを選手に伝えてくれればいいんだ」と助言をくれた。そのアドバイスで、肩の力が抜けた。

その後、2007年夏に甲子園出場を決めると、超満員の甲子園・2回戦で浦和学院（埼玉）と対戦し2対1で勝利を収めた。2009年春、2010年夏には、後藤駿太（オリックス）を擁して甲子園へ戻った。2005年からの6年間で計4度の甲子園出場。富岡監督は「一生懸命、ひたむきに」という言葉を掲げて指導していた。振り返ると、すべての指導がその言葉に行き着く。

選手に適したマネジメントの必要性

2011年、恩師のその言葉を胸に桐生市商に異動した。新天地でもコーチ、部長として経験を積むことになっていく。2011年夏には、東日本大震災の球児支援として、岩手県陸前高田市の高田高を桐生市に招待。武藤賢治監督と共にバスで現地へ向かい、選手たちを乗せて学校へ戻ると2泊3日で親善招待試合を実施した。最初は表情の硬かった選手たちが、次第に打ち解けていったことが忘れられない。野球の力をあらためて感じた出来事だった。

ちなみに桐生市商は、2012年の決勝で富岡監督率いる高崎商と対戦し0対2で敗れた。4度の甲子園の絆でつながっていた師弟対決で勝利した富岡監督は「持っていたのは、お前ではなく、俺だったな」と、ダンディーな笑顔で労いの言葉をかけたという。コーチ・部長職を歴任してきた清水は、この頃から監督としてチームを指揮してみたいという意欲が湧いてきた。そして教員11年目の2015年に、監督として渋川青翠へやってきた。

参謀として4度の甲子園出場経験を携えて、渋川青翠のグラウンドへ足を運んだ。前橋商、桐生市商時代は多くの部員に囲まれていたが、渋川青翠の部員はわずか6人、不安と期待を胸に、「渋川青翠」の新たなユニホームに袖を通した。入学式後に6人の新入部員を迎え、総勢12人の船出となったが、現実は甘くないと感じた。ここからは、自分の力で部員を集めて、チーム強化を図り、甲子園への道を切り拓いていかなければいけない。

「甲子園4回の経験は、富岡先生の力。ゼロからのスタートになって自分の無力さを感じました。監督とコーチの一番大きな違いは、最終的な決断を下して、その責任を追う点だと思います。前橋商、桐生市商では、経験ある先生のもとでサポートをさせてもらいましたが、監督というポジションはまったく違ったものでした。10年間のコーチ経験をリセットして、監督業に臨む必要があると感じました。生徒の未来を預かる重みを感じ、背筋が伸びる感覚でした」

監督としての最初の夏は、初戦となった2回戦で健大高崎と対戦し、0対12の5回コールドで敗れた。大差の中で計12盗塁を決められた屈辱の敗戦を、脳裏に焼き付けた。3年生が引退したその秋には部員が、単独チーム出場ギリギリの9人となった。最初の練習試合では0対39で負けた。「39点も取られても選手たちはだれ一人、ふてくされたり、諦めたりせず、ゲームセットまで必死に戦ってくれたのです」。指揮官のチャレンジはそこから始まった。

前橋商時代にコーチとして甲子園を経験した清水監督は、それまでは対戦したことがなかった山間部の小規模チームや、連合チームと練習試合を行い、経験を積んだ。そこで学んだものは野球ではなかった。厳しい環境ながらも生徒たちとともに努力する多くの指導者と出会い、野球に対する考えが変わったという。

「どのチームの監督さんも、情熱を持って指導をしていました。強豪校とは違った世界を見せてもらうことで、自分の甘さに気づきました」

清水監督は、前橋商時代同様に選手を鍛え上げていこうとしたが、一人でも辞めたら試合ができない状態に直面した。甲子園を目指す以前に、野球部の土台を作らなければいけない。前橋商、桐生市商とはまったく違うチームマネジメントが必要だと強く感じていた。

選手をリスペクトできているか

指揮官は「渋川から甲子園へ」というスローガンを掲げて、地域の中学校を回った。これまで渋川市のチームが甲子園に行ったことはなかったため、このスローガンにはインパクトがあった。目標を明確に定めて言語化することによって、翌年は17人の1年生が加入した。清水監督の情熱が注がれたチームは２０１６年秋季群馬県大会2回戦で、恩師・富岡監督が指揮する高崎商に3対2で勝利、２０１７年夏の群馬県大会2回戦では利根商に勝利した。群馬県高校野球界にとっては話題性のあるニュースだった。

高崎商戦の勝利は、富岡監督からの教えが生きていたという。チャンスでバントかヒッティングか迷った。そのときに恩師がかつて「サインに正解はない。選手が納得してプレーできるかどうかではないか？」と話していたのを思い出した。清水監督は打席に向かう選手の気持ちを確認し、ヒッティングを選択した。結果的にはその選手のタイムリーで金星を得ることになった。

渋川青翠／清水哲也

俺が甲子園へ連れていく。指導の熱を上げていった矢先、授業を終えてグラウンドへ向かうと、10人以上の生徒たちが監督室の前で待っていた。「厳しい指導についていけません」「辞めさせてください」。清水監督は、生徒たちの声に耳を傾けた。野球が好きで頑張ってきた選手たちが、自分の指導によって野球を嫌いになっている。良かれと思ってやってきたことが、逆に重みになってしまったのかもしれない。退部を申し出た選手たちに「お前たちが辞める必要はない。高校野球はお前たちのモノだから、俺が辞めるべきだろう」と伝えた。最終的に、部員はまた戻ってきたが、指揮官にとっては指導を見つめ直す良い機会だった。

「チームとして結果が徐々に出始めてきて次のステージに行けると考えていました。ただ、私自身に勝ちたいという気持ちが強すぎて、生徒が置き去りになっていたのかもしれません。あのころから高校野球の指導全体が変わってきていましたし、目標を押しつけるのではなく学校や生徒たちに合った指導をしていく必要があると感じました」

2018年1月、清水監督は、カリブ海に浮かぶ中南米の野球王国ドミニカ共和国の指導法などを学ぶ研修プログラムに自主参加した。ドミニカは群馬県の約8倍の国土に約1000万人が暮らす小国だが、多くのメジャーリーガーを輩出している。メジャーリーグ球団をはじめ、日本からも広島カープがアカデミーを運営、選手の個性を生かした野球指導が脚光を浴びている。知人からの紹介で研修プログラムを知ると、冬休みを利用してアメリカ経由でドミニカへ渡った。

研修では現地の施設やトレーニングを視察、ベースボールを学んだ。そこでMLBロサンゼルス・ドジャースのアカデミーコーチであるアントニオ・バウティスタに尋ねられた。「あなたは、選手をリスペクトしていますか？」。現地コーチからの言葉にショックを受けた。指導法を学びにいったはずなのに、最初に聞かれた質問が選手たちとの立場の確認だった。高校野球は教育の一環として浸透してきた経緯があるため、指導者と選手には、「先生と生徒の上下関係」が根付いている。アントニオ・バウティスタは「指導者が選手に敬意を持ち、選手の成長のためだけに行動すること。それが指導の原点だ」と熱を込めた。

「ドミニカでは多くを経験させてもらったのですが、一番の衝撃は『選手への敬意』でした。それが原点にあれば、激しい叱責や体罰が起きないと。指導とは、選手を成長させること。その最善の方法を考えるのが私たちの役割だと理解しました。ドミニカの選手たちは、甲子園のような大きな目標がない中で野球を楽しみ、成長していました。高校球児にとって甲子園は一つの目標ですが、選手にとって甲子園はゴールではなく通過点。甲子園だけを考えた指導ではなく、生徒の将来を考えた指導をしなければいけないと感じました」

2018年まで渋川青翠・清水監督のもとで参謀を務めていた堤悠輝部長（現高崎商監督）は「テツさん（清水監督）の指導は、ドミニカ前とドミニカ後で大きく変わりました。ドミニカ前は、前橋商や桐生市商コーチ時代の流れで選手を追い込み、鍛え上げていましたが、ドミニカ後は選手たちの意見を聞いて一緒に学んでいった印象です。その結果が2018年秋のベスト4進出につながったと思います」と振り返る。

「前祝い」と「見切り発車」

渋川青翠は2018年秋季群馬県大会で創部初のベスト4へ進出。翌2019年夏の群馬県大会は3回戦で前橋育英と対戦した。相手は3年連続甲子園出場の絶対王者。この山を越えれば視界が開けると考えた指揮官は、選手の力を120％発揮させるためにユニークな戦法を取っていった。

その一つが「前祝いの法則」だ。試合3日前から、前橋育英戦勝利を想定して、選手たちにインタビュー練習を実行させた。リラックスさせるためのアイデアだったが、思わぬ効果が見えてきた。主将がインタビュアーとなり、部員たちに質問を投げかけていく。「勝利、おめでとうございます。いまの気持ちは？」「今日の勝因は何だったのでしょうか？」「タイムリーヒットの球種は？」「どんなボールが有効でしたか？」「苦しかった場面は？」。

選手たちは、試合をイメージしながら、質問に答えていく。それは相手対策などを含めて試合への効果的な準備になった。

さらに清水監督は、攻めていく。前橋育英戦はノーサインで戦うことを選手たちに伝えた。決めたサインは一つだけ。「笑顔でフルスイング」。その試合は、2対3で敗れたが、指揮官にとっては忘れられないゲームとなった。

チャレンジすることの尊さ

2015年に渋川青翠監督に就任してから、2021年春で7年目に入った。コロナ禍のチームは2020年夏の独自群馬県大会で2年連続のベスト16へ進出、チームの土台が出来つつある。前橋商部長として4度の甲子園を経験し、桐生市商で経験値を高めたあとに、渋川青翠で初めて監督としてトーナメントに臨んだ。6年間、多くの屈辱を味わったが、それ以上の喜びや感動があった。2018年には、ドミニカ研修に参加し、未知なる世界、そして野球のさらなる魅力、奥深さを知った。

新たな取り組みも積極的に取り入れる。2019年には髪型を自由化。無駄な上下関係も撤廃している。商業教諭である清水監督は2年前、将来の選択肢を広げるため通信制大学で社会科教諭の免許も修得した。座右の銘は「人生、見切り発車」。できるかどうか、やるかやらないかを悩むよりも、行動第一。その延長

渋川青翠／清水哲也

にドミニカ研修もあった。本気のチャレンジは、自身への自己投資と考えている。

「２０１８年秋大会ベスト４という結果を始め、ここまでの歩みは、自分一人だけの力ではありません。甲子園に行けていないので監督としては０点なのですが、選手たちを夢に近づけることはできているのかなと感じます。前任校時代からのつながり、そしてチームを支えてくれた地元の関係者の方々など、多くの協力によってチームは成長することができています。また私たち指導者は、選手がいるから野球を教えることができます。就任当初、少ない部員が私についてきてくれて、チームの歴史をつないでくれたから今があります。これからも選手へのリスペクトを忘れず、情熱を持って指導をしていきたいと考えています」

「渋川から甲子園へ」。清水監督が掲げたスローガンだ。２０１５年の就任当初は、「それは無理だ」「難しい」という声があちこちから聞こえてきた。だれもが夢物語だと思っていた。だが、いまは冷ややかな目でみる人はいない。強いチームが勝者になるのではなく、諦めないチームが勝者になる。チャレンジすることの尊さを選手たちに伝えていく。

第 9 章

「思考自走野球」

前橋東

小暮直哉

Naoya Kogure

（こぐれ・なおや）

1984年12月5日、東京都生まれ、群馬県前橋市育ち。前橋－早稲田大。前橋時代は1番・捕手として2002年のセンバツ出場。大学卒業後に前橋工コーチを経て監督になると2010年にセンバツ出場。2012年秋から前橋東監督就任。2017年春ベスト4。2017年夏ベスト8、2021年春ベスト8進出。保健体育科教師。

選手たちの存在が勇気の源泉になる

甲子園という場所は、ときに不思議だ。多くの指導者たちが長い歳月を費やして辿り着くのが一般的で、だから故に価値があるとも言える。その一方で、ふいに甲子園の招待状が届く場合もある。群馬県の高校野球指導者には、就任1か月弱でセンバツ切符を手中にした公立指揮官がいる。２０１０年のセンバツ出場から11年が経過、その指揮官は、「思考自走野球」というスローガンを掲げて、公立普通高校でひたむきに甲子園を目指している。

前橋東を率いる36歳の指揮官・小暮直哉監督は、初任の前橋工監督1年目の２０１０年春にセンバツ出場を成し遂げた実績を持つ。正確な時間を測れば、監督就任からわずか1か月で、センバツ出場を当確させたことになる。本人は「ビギナーズラックです」と謙遜するが、甲子園は幸運だけでは決して辿り着ける場所ではない。それまでの野球経験や異色のスポーツ歴、そして生徒たちとの信頼関係が甲子園へ導いたと言える。小暮監督の指導歴は、センバツ甲子園から始まったのだ。

小暮監督は前橋高出身で２００２年のセンバツに1番・捕手として出場。その後早稲田大学へ進学、卒業後２００７年4月に教員となると高校野球伝統校・前橋工に着任、新米コーチとして指導者としてのスタートを切った。

前任指揮官・大須賀誠一氏のもとでコーチを務めていた2009年秋、前橋工は秋季群馬県大会で準優勝となり関東大会出場権を得た。しかし、県大会直後に大須賀前監督の辞任が決定。混乱の中で、当時24歳だった小暮コーチが急遽、監督として指揮を執ることになった。教員3年目でコーチとしても右も左も分からない状況。自分がタクトを振るとは思っていなかった。時間も経験もない状況下で、伝統校を率いるには荷が重すぎる。打診があったときには水面下で固辞したという。

群馬県大会決勝から関東大会開幕までは1か月弱。伝統校が故、過去には外部監督を招いた時期もあったが、学校方針として教員が指導することに決まった。学校側にとって、時間の猶予はなく、人選の選択肢も限られていた。チームを率いることができるのは、現実的に小暮コーチしかいなかった。

「僕は大学時代に野球ではなくラクロスという競技をやっていまして大学野球をやっていませんでした。高校野球は経験しましたが、野球にはブランクがありましたので、前橋工着任になっても野球指導ができるとは思っていませんでした。その状況でコーチというポジションを与えてもらい、勉強させてもらっている状況だったのです。そんな流れだったので伝統校の監督など務まるわけがないと思っていました」

青年教員を決断させたのは、選手たちの存在だった。監督交代は、生徒たちとは別問題。グラウンドには、秋季群馬県大会で準優勝し、センバツへの挑戦権をつかんだ選手たちがいた。彼らの挑戦を止めるわけにはいかなかった。

「コーチとしてずっと一緒に練習をしてきた生徒たちが、関東大会出場を決めた状況で、僕が監督を断ってしまったら、チームはどうなってしまうのだろうと考えました。自分に力がないことは十分承知していましたが、生徒たちのために、関東大会限定で監督を引き受けることにしました。そこからは何が起こったのか正直、分からないまま、チームが関東大会を勝ち上がっていったのです」

余計なプライドは不要、すべては選手のため

新米監督は時の流れに身を任せながら、選手たちと共に千葉県開催の関東大会へ乗り込んでいった。1回戦の相手は、矢板中央（栃木）。ゲームは9回を終えて3対3、勝負は延長戦へ突入していく。前橋工は10回裏に代打起用が的中し、チャンスをつかむと見事サヨナラ勝ち。緊迫した戦いで小暮監督の選手起用がズバリ的中、初陣とは思えない采配をみせた。準々決勝は千葉商大附（千葉）。そのゲームも初戦に続いての激闘となった。乱打戦となった試合は8対8で再び延長へ入っていくと13回までに決着せずに日没再試合となった。

翌日の再試合では、前日も先発したエース平井東が好投。打線が4回に4点を奪うと終盤に2失点した

ものの4対2で勝利。平井は2日間で合計295球を投げたが執念でベスト4入り、センバツ出場を当確にした。

準決勝は、エース平井が登板回避した中で東海大相模（神奈川）に敗れたが堂々のベスト4。代理監督が関東大会で2勝し、センバツ切符をつかむことになった。当時のセンバツ出場校で唯一の20代監督だった。

センバツでは初戦で宮崎工（宮崎）に0対4で敗れて、夢のような時間を終えた。

「センバツ出場は、前任の大須賀先生が土台を作ってくれていたことが大きいです。僕自身、監督自体がまったくの初めてで、失敗経験がなかったので、怖いもの知らずの状態で関東大会から甲子園まで行った記憶があります。采配経験という拠り所がなかったので、とにかく選手たちの現状を把握していきました。コーチとして選手たちと一緒に練習してきていたので特長も性格も分かっていたことが大きかったと思います。僕自身、失うものもなかったですし、監督としては真っ白な状態だったので先入観に邪魔されず、選手たちだけを見て、采配を執ることができました。それがビギナーズラックにつながったのかもしれません。年齢を重ねていくと、余計なプライドなどいろいろなものを背負ってしまいます。いま振り返ると、選手たちだけを見て、選手たちのために指導するというのがあらためて大事なのかなと思います」

野球は教えてもらうのではなく学ぶもの

1984年東京都生まれ、群馬県前橋市育ち。前橋高時代は、松本稔監督（現中央中等監督）のもと、野球のイロハとおもしろさを知った。小学校、中学校では時代的にも野球をやらされてきた。野球はそういうものだと思っていた。

松本監督は、前橋高時代の1978年のセンバツにエースとして出場。1回戦の比叡山（滋賀）戦で史上初の完全試合を達成した群馬県高校野球界のレジェンドだ。小暮は、高校入学後に本当の野球を教えてもらった気がしている。ことあるたびに「なぜ？」「どうして？」と尋ねられた。そして、自分自身で考えることを求められた。

野球は教えてもらうのではなく、自分たちで学ぶもの。それを知ってから野球がさらに楽しくなった。練習メニューや戦術なども自分たちで考えていった。

捕手だった小暮は、松本監督と話し合うことが多く、配球や駆け引きなどの哲学を吸収していった。その成果が出たのは2001年の秋季大会だった。群馬県2位で関東大会へ出場すると、エース松下繁徳とのバッテリーで、1回戦・平塚学園（神奈川）、準々決勝・甲府工（山梨）に勝利し、松本監督が完全試合を達成して以来、24年ぶり2度目となる春のセンバツ出場を果たす。

センバツでは1回戦で九州学院（熊本）と対戦し1対2で敗れたが、小暮は甲子園で2安打を放ち、さらに守備ではバックネットへ飛んだファールフライをスライディングで好捕した。センバツ出場と恩師・松本監督との出会いが高校時代の財産になった。

小暮は高校卒業後、早稲田大へ進学したが、高校時代に学んだ野球とのギャップを感じたこともあり、野球部には入らなかった。

小暮が選んだのは、カレッジベンチャースポーツとして人気を呼んでいた男子ラクロス部だった。網型のスティックで、直径6センチのボールをパスしながらゴールを目指す競技。フィールドはサッカーグラウンドとほぼ同じ。女子ラクロスはボディーコンタクトがなく華やかな競技として知られるが、男子はヘルメットやショルダーなどの防具を装備し、体をぶつけ合うバトル競技で、「フィールドのアイスホッケー」とも言われる。パスやキャッチは野球に通じる部分があり、高校野球出身者が大学スポーツでラクロスを選択するケースも多いという。

新たなスポーツでもめきめきと力をつけた小暮は、U―21日本代表に選出される。チームとしてもリーグ制覇を成し遂げるなど野球とは違う分野でも実績を挙げた。ラクロスで学んだことは、スポーツマネジメントだった。ベンチャースポーツだったこともあり、監督と呼ばれる人物がいなかった。練習場所の確保、練習メニュー、試合戦術などすべて選手たちで考えて、行動していった。そこには、前橋時代の松本監督の指導方針と共通点があった。

小暮監督は、高校時代にセンバツ出場を果たし、大学では違う競技に没頭して、教員として高校野球界に戻ってきた。大学で野球以外の部活に入り、その後高校野球現場に戻ってきた指導者はとても珍しいケースとなる。ただ別の世界を知ったことが、野球の常識に捉われないマネジメントにつながっている。

考える野球の先にあるもの

小暮監督は、初任地の前橋工でセンバツ甲子園を経験したのちの2012年に前橋東へ異動、文武両道を目指す公立進学校での新たな挑戦に乗り出していく。異動当時の前橋東は2008年秋から2011年秋まで3年連続公式大会初戦敗退が続いていた。

前橋東は、野球にも勉強にも真面目に取り組む素直な選手が多い反面、野球に関しては受け身の選手が多い気

がしていた。新天地に立った小暮監督は、選手たちの声に耳を傾けて、新たな道を模索していった。そして、「思考野球」というスローガンがおぼろげながら浮かんできた。「考える野球」をテーマに、選手たちに自主性を求め、個性を発揮させることでチーム強化を図っていった。

チームは2012年夏の群馬県大会で、実に4年ぶりの公式戦勝利。しかし、その後は実力校ひしめく上州でなかなか勝てない時間が再び続いていった。チームにとって転機になったのは、2015年春季群馬県大会2回戦の前橋戦。小暮監督にとっては母校との対戦となったが、指揮官のプランニングと選手たちの決死のプレーによって4対2で勝利した。

「前橋高の野球は、私にとっては目指すべきスタイル。実力のある伝統校に対して、うちの選手たちが粘り強く戦ってくれました。春季大会初戦の小さな1勝かもしれませんが、前橋東にとって大きな自信につながるゲームになりました」

意識改革を実行していったチームは、2015年春季、秋季群馬県大会で4回戦へ進出するなど結果を残していくことになる。当初のチームは、熱心に練習をしていたものの甲子園という目標が現実的ではなかったという。そんなチームが2017年の春季群馬県大会ではベスト4へ進出、その夏にはベスト8へ駒を進めた。この頃、チームは「思考野球」というスローガンを掲げた。

「それまではチームから『甲子園』という言葉が出てきませんでした。やっぱり、結果が出ていなかったですし、自信もなかったので気恥ずかしさがあったのだと思います。2017年春のベスト4に入った頃から、チームに『甲子園』という声が聞こえてくるようになりました。結果が出てくることで選手の意識は変わっていきますし、本気で甲子園を目指せるチームになっていくと思いました」

ラクロス流オリジナルメニュー

前橋東ではユニークな練習を取り入れている。早稲田大時代にラクロス部に所属し、U―21日本代表に選出された異色の経歴を持つ元球児は、ラクロスの練習メニューを野球用にアレンジしていった。

ラクロスを始めたのは大学から。小暮は毎日のように基本練習に取り組んだが、それらのトレーニングは野球に応用できると感じていた。ラクロスでは、背中越しにボールを追う「背面キャッチ」や、対角に動きながらボールを扱う「スクエアパス」、フィールドに転がったボールを処理する「グラウンドボール」などをルーティンとして採用しているチームが多い。それは、実際のゲームでのシーンを想定して、構築されたメニューだった。野球では止まった体勢でキャッチボールをすることが多いが、実際は動きながらの臨機応変なプレーが要求される。野球とラクロスを経験した小暮監督は、前橋東でラクロスの基本メニューを採用することを決めた。

野球の練習はウォームアップから始まり、キャッチボール、トスバッティングの流れが一般的だが、このルーティンに、ラクロスメニューを追加。「背面キャッチ」や「グラウンドボール」を日常化することによって、プレーの幅を広げていった。「背面キャッチ」は、一塁手、三塁手がファールゾーン後方へ打球を追ったり、外野手が頭上を越える打球をキャッチしたりするシーンに応用される。「グラウンドボール」は、ホームベース付近でのバント処理、一塁付近での交錯プレー処理などを想定している。「背面キャッチ」や「グラウンドボール」は、実際の試合でも1試合に数回は起こる可能性があるシーン。そして、その処理が結果につながることも多い。

「背面キャッチやグラウンドボールの処理は、野球の試合では頻繁にあるシーンなのに、毎日、訓練しているチームは少ないように感じます。選手たちが試合で慌ててしまうのは、練習で経験していない場面に遭遇したとき。野球センスに秀でた選手であれば対応できるかもしれませんが、うちの選手はそうではありません。それならば、考えられるシーンを拾い上げて、ひとつずつ潰していくことが大切になります。野球の練習はずっと同じことをやっているケースもありますが、基本を大切にしながらも肝要な要素を取り入れていく必要があると考えています。常識を疑い、一つひとつの練習が何のためになるのかをもう一度考えることで、意識が変わっていきます。ラクロスに限らず、いろいろな競技の練習から学ぶことは多いですし、今後も良いトレーニングがあれば積極的に取り入れていきたいと思います」

指揮官は柔軟な発想でオリジナルメニューを考案、それによって選手たちの応用力も上がっているという。これもチーム進化の要因の一つだ。最近では、県内外で外部トレーナーたちが強豪校に新たなルーティンワークを導入しているケースが多くみられる。前橋東では、ラクロス出身の指揮官が、常識に捉われない練習法を自ら発案し、グラウンドに落とし込んでいる。

監督がいなくても勝てるチームとは？

チームは2018年秋から、走塁、戦術、トレーニングなど10班からなる「担当リーダー制」を採用。選手たちはそれぞれがリーダーとなって、チームの役割を果たす。この制度によって、選手の自主性がさらに伸びていった。練習中は、何か問題が生じると選手たちだけで何度も円陣を組み、意思統一を図る。練習後も自主的にミーティングを実施している。

選手に合ったマネジメントにより前橋東には、多くの変化が生まれている。選手たちが本気で野球を楽しみながら結果を追求していく姿は、高校野球の原点なのかもしれない。チームに「思考野球」を植え付けていった小暮監督だが、まだ何かが足りない気がしていた。

チームは2017年春のベスト4、同年夏のベスト8以来、再び勝ち上がれない時間となった。暗中模索。指揮官は、戦いながら答えを探す日々が続いていった。

「僕の中での理想のチームは、夏の大会で監督がいなくても勝てるチームです。いまの時代、『主体的な野球』という言葉が頻繁に使われていますが、選手にすべてを預けてしまうのはどうなのかなと思います。放任主義ではなくて、夏の大会に至るまでの練習や試合で、自分たちが目指す野球を伝えて、攻守で細かい部分まで徹底していって、選手たちだけで戦えるようになってほしいということです。監督はベンチにいますが、グラウンドでプレーするのは選手たち。選手たちが自ら準備して、雰囲気を作って、声を掛けていかなければ、甲子園に行けるチームにはならないと思います。そのためには『思考野球』だけでは足りないと考えるようになりました」

前任の前橋工で、〝ピンチヒッター監督〟として

センバツへ出場。2012年に前橋東へ来てから、自分の采配でチームを勝たせられるという根拠のない自信があった。しかし、実際には何もできなかった。自身の無力さを感じる中で、選手たちの成長に可能性を感じるようになった。プレイボール後に監督ができることは限られている。それならば、大会で選手が力を発揮できるような準備をしていかなければならない。

「それまでは勝たせてあげたい、勝たせなければ、という思いがあったのですが、選手たちが勝たせてくれると考えるようになりました。投手交代や代打策が決まることもありますが、マウンドに立つのは選手で、バットを振るのも選手。監督である僕には、良いピッチングをさせたり、ヒットを打たせたりすることはできません。実際に勝った試合を振り返ってみると、選手たちが、僕らの想像以上のプレーをみせてくれて勝利をつかんでいたのです。そう考えると、選手の力をいかに引き出すかが指導者の役割なのかなと思うのです」


選手の力をいかに伸ばして、試合で発揮させていけばいいのか。試行錯誤を重ねていく中で、2021年春に「自走」というキーワードに出会った。前橋高時代の恩師・松本監督の言葉だ。2021年3月で60歳の区切りを迎えた松本監督がインタビューで「自走力」という言葉を使っていた。「自走」。恩師のヒントで、パズルのラストピースが埋まった気がした。

「自走という意味は、だれかの力で走るのではなく、自分たち自らが動力を備えて、走ること。練習は、その動力を作り上げていく作業なのかもしれません。良いエンジンに仕上げてほしいから、僕は練習中に多くの材料を提示していきます。選手たちは、材料を咀嚼して自分の力に変えてほしいと思います。考えさせるだけではなく、スタートラインへ送り出すところまでが僕の役割。そこからは、選手たちが自らの力で走ってくれるでしょう。『思考』＋『自走』によって、選手はさらに成長できるのではないかと感じました」と話す。

チームは「思考自走野球」という新スローガンのもと、新たな一歩を踏み出す。

『思考』が心を強くする

2021年春、小暮監督は「思考自走野球～『思考』が心を強くする～」というタイトルをつけた30ページのテキストを自作し、部活時間を利用して「思考自走野球」の授業を行った。指揮官は、自分たちで考えて、自分たちで行動していく前橋東のスタイルを説明。そのためのトレーニング方法を選手たちと共有した。さらに、選手たちが練習で蓄えた力を発揮するためのブレイン&メンタルトレーニング「本番で最高の力を発揮する最強の自分をつくる」も実践した。

小暮監督はコロナ禍の時間に、メンタル指導の書籍を数多く読み込み、選手たちの力を引き出すには脳や心の仕組みを理解することの重要性を再認識。選手たちは、物事をプラスに考えていく「一流アスリートの思考回路」、失敗を引きずらない「クリアリング能力」、前例からネガティブ思考になりがちな「先読みや感情的決めつけの弊害」、緊張を楽しむ「緊張との付き合い方」など、心を強くする方法を学んだ。

２０２１年度・湯浅真都主将は「前橋東に入って、野球への考え方が根本的に変わりました。自分たちで考えながら野球ができるのでプレーしていてやりがいがありますし、成長の実感があります。この春はメンタルトレーニングの指導をしてもらって、気持ちの部分でも強くなれたと感じます。野球だけではなくこれからの受験や社会に出てからも役立つことを教えてもらっています。自分たちが成長したことを結果で示していきたいと思います」と完全燃焼を誓う。

２０２０年秋季群馬県大会までの最近3年間の戦績は3回戦が最高だが、敗れた相手は県内強豪が多く、決してチーム力がないわけではない。「思考自走野球」というスローガンが確立され、心身強化のトレーニングを実施した２０２１年の春季群馬県大会は、逆境を力に変える逆転勝利を次々と披露して3勝を挙げて準々決勝へ進出。準々決勝では、同大会を制した関東学園大附に2対4で敗れたが、チームに地力がついてきていることを証明した。

「心が強いかどうかはデータとして測定できるわけではなく、要は考え方次第。メンタルが強い選手はもともとその考え方ができている選手で、メンタルが足りない選手でも考え方を変えることで絶対に変わっていきます。うちの『思考自走野球』は、考えてプレーするだけではなく、心のトレーニングを含めての思考。その思考を自分たちの力で表現できれば、公立高校でも甲子園に行けると信じています」

公立普通校が甲子園へ行くためにはどうすればいいのか。現役選手として、指導者として2度のセンバツ甲子園を経験する小暮監督は、時代に合ったアプローチで自身3度目の夢舞台、前橋東の初甲子園を狙っている。

「思考自走野球」を掲げるチームには、「ヒットエンドラン」「スチール」「バント」などのサインに加えて、「自分で考えよう」というユニークなサインがある。自分で考えて自分で行動しろ、という指揮官からの粋なメッセージだ。

「夏の舞台の土壇場で、このサインが出せれば、チームは本物だと思います。そして、夏の大会を終えて、高校野球から旅立っていく選手たちへのラストサインは、もちろん『自分で考えよう』になります。高校を卒業したら、サインを出してくれる人はいません。それぞれの目標に向かって、自分の力で突き進んでくれることを願っています」

指揮官は、選手を信じて、人生という名のバッターボックスへ送り出す。バットを振るのは、選手自身だ。

MAEBASHI
HIGASHI

「トレーニング革命」

第10章

関東学園大附

羽鳥達郎

Tatsurou Hatori

（はとり・たつろう）

1988年9月29日、東京都生まれ、埼玉県育ち。伊奈学園総合－早稲田大学。大卒業後の2012年に着任し、同年秋に監督就任。2017年秋、2018年春準優勝で関東大会出場。2018年夏、2019年夏ベスト4。2021年春初優勝で関東大会ベスト8。英語科教諭。

番狂わせの理由は？

　これは天変地異の始まりか。２０２１年春季群馬県大会で、ダークホース関東学園大附が頂点に立った。２０１８年夏、２０１９年夏に2年連続ベスト4進出を果たした近年の好成績を鑑みればダークホースという表現がふさわしいかどうかは検証する必要があるが、春の優勝校が健大高崎、前橋育英、桐生第一といった昨今の「3強」ではなかったという意味では、盛大な番狂わせを起こしたと言える。

　関東学園大附は１９８６年春にセンバツへ出場した実績を持つ古豪。チームはそれ以降、聖地の土を踏むことはできていないが、埼玉、茨城、栃木の県境近い群馬県東南部の館林市で、個性豊か

なチームを作り上げている。チームを率いるのは、32歳の青年指揮官・羽鳥達郎監督だ。高校野球指揮官としては若い年齢と言えるが、23歳からタクトを振り、すでに10年間の監督キャリアを持つ。

2021年の春季群馬県大会。ノーシードで大会に挑んだ関東学園大附は3回戦で桐生第一と対戦した。3回戦屈指の好カードを一目見ようとコロナ禍ながら球場には多くの高校野球ファンが足を運んだ。

スタンドには、プロ野球スカウト陣が集結。お目当ては、関東学園大附が誇る2枚看板、最速144キロのエース右腕・石原勇斗と、最速146キロの右腕・篠原正紀だった。

注目が集まった一戦で、関東学園大附は投打ががっちりと嚙み合う戦いをみせて12対0の7回コールド劇を演じてみせた。勢いに乗ったチームはそのままトーナメントを駆け上がり、上州の頂に旗を差した。

チーム評価をさらに高めたのは、その後の春季関東大会だった。1回戦では常磐大高（茨城）に8対4で勝利、続く準々決勝では桐光学園（神奈川）に5回までスコアレス。ゲームには0対1で敗れたが、エース石原が神奈川の名門を8回74球被安打4に抑えた内容は、関東強豪校監督からも一目置かれた。

投手、打者共に足腰の土台が固まっていたが、それはフィジカルトレーニングの賜物。中学時代、決してエリートではなかった選手たちは、関東学園大附のグラウンドで著しい進化を遂げている。

気鋭の指揮官は「2018年の春に準優勝して関東大会へ行ったときは、たまたまだったかもしれませんが、2021年の優勝、関東大会出場は狙って成し遂げられたもの。生徒たちの努力と、チームとして培ってきたトレーニングによって結果を残すことができました。ピッチャーだけではなくチーム全体のアベレージが高まっていることに手応えを感じます。優勝という結果よりも、チームの方向性が間違っていなかったということに価値があったと考えています。ただし、これは春季大会。夏はまったく別の戦い、夏に勝てるチームが本物だと思っています」と、躍進の春を総括した。

『want』と『will』の違い

羽鳥監督は、東京都生まれ。父の実家は群馬県前橋市、母の実家は群馬県伊勢崎市。子供のころ、群馬には頻繁に遊びに来ていて、上州名物の焼きまんじゅうを頬張った。

親の転勤で埼玉県北本市に引っ越したのをきっかけに少年野球を始めた。羽鳥家は文化部一家でスポーツは歓迎されなかったというが、野球にのめりこんだ。ポジションは捕手。高校進学時も家族の反対を押し切って、公立の進学校ではなく野球に力を入れていた公立校を選んだ。自分自身で決めた進路条件は「1年生から試合に出られる文武両道の公立校」。その条件に当てはまったのが、1984年開校で1990年にセンバツ出場を果たした実績を持つ伊奈学園総合だった。

坂本道長監督の指導のもと1年生秋から「1番キャッチャー」で公式戦に出場した。羽鳥少年は、浦和学院、春日部共栄などが台頭する埼玉県で、仲間と共に甲子園を目指した。坂本監督は、選手たちの考えを尊重してくれる指導者で、選手たちは自分たちで戦術を考え、サインを作り、ゲームへ臨んだ。選手個人の力はあったと感じたが、最高成績は2年生の秋季県大会のベスト8。高校3年生の夏は3回戦で延長戦の末に敗れて高校野球を終えた。羽鳥少年は、高校野球をやりきったと考えていた。

夏季大会を終えたあとに中学時代の同級生・前田太一（現常磐大高部長）と会う機会があった。彼は春日部共栄に進み、高校2年夏に甲子園に出場していた。引退後、春日部共栄の練習や戦い方を聞いて、愕然とした。

「春日部共栄は、野球を細部の細部まで追求していたんです。それと比較したら、自分たちは大雑把だったなと。自分たちが漠然と甲子園に行きたいと思って練習していたとしたら、春日部共栄は甲子園で勝つための取り組みをしていました。『want（～したい）』と『will（～する）』の違いだったかもしれません。野球の根本的なステージが違っていたんです。僕らは僕らなりに一生懸命考えて、精一杯努力していたのですが、そのやり方では到底甲子園には行けなかったと感じました。それが指導について考えるきっかけでした」

高校野球は2年半。限られた時間で目標に到達するにはどうするべきか。指導者の役割とは、目標に向けて最適な道を提示すること、という考えはこの頃から脳裏に浮かんでいた。そのためには、国内トップレベルの野球を知らなければいけない。当初、国公立大に進学して教員になろうと思っていたが、引退後に進路を変更した。

「高校入学時は、早い時期に試合に出られる学校を選びました。その選択は今でも間違っていないと思っています。ただ、春日部共栄の話を聞いて、大学ではたとえ試合に出られなくてもトップレベルの野球を経験したいと思いましたし、日本一を目指す環境に身を置きたいと考えたのです」。1年浪人して早稲田大に合格し、伝統の野球部に加わった。

高いレベルに身を置くことで得られるもの

羽鳥監督は1988年生まれの「ハンカチ世代」。2006年の全国高校野球選手権で優勝投手となった早稲田実業の斎藤佑樹（日本ハム／群馬県太田市出身）、準優勝投手となった駒大苫小牧の田中将大（楽天）と同じ学年だ。1年浪人したため、斎藤佑樹は大学では1年先輩となった。羽鳥監督は群馬にゆかりがあったことやキャッチャーだったこともあり、ブルペンでよく顔を合わせたという。大学の練習は厳しかった。新入部員は55人いたが、日に日に少なくなっていった。

「僕のレベルは1学年55人中50番目くらいでしたが、指導者になるために勉強して早稲田に入ったので辞めることは考えていませんでした。可能性がある限り試合出場を目指しながら六大学の野球を少しでも吸収して、将来、指導者になったときに役立てたいと思っていました」

大学では、控え部員。最初は試合には絡めなかったが、練習だけは一切、手を抜かなかった。4年生で主将を務めた同期の土生翔平（元広島）からは「試合に絡めないのに、これだけ練習できる選手は見たことない」と言われた。新人戦にも絡めずに、ひたすら練習する日々。大学3年生になって初めて2軍戦へ帯同できるようになった。大学4年生のときは、捕手のライバルたちが試合に出るために他のポジションへ移っていったこともありベンチ入りを果たした。そして神宮球場での六大学リーグ早慶戦では代打でバッターボックスに立ち、ヒットを放った。

「試合に出られたのは限られていましたが、六大学リーグでスカウティングや投手コーチ的な役割を任せてもらって、野球を見るレベルが格段に上がりました。苦しい時間でもありましたが地道に努力していった結果、ほかでは決して得られない貴重な経験をさせてもらいました」

話は変わるが、羽鳥監督は中学時代からイチロー信者で、ほかの人の言うことは聞かないがイチローの言葉だけは信じるタイプだったという。NPBオリックスからメジャーリーグ、シアトル・マリナーズ、ニューヨーク・ヤンキースなどでプレー、日米通算4000本安打など数々の記録を打ち立てたスターの言動に心酔した。誰にも媚びない、その生き様も好きだった。羽鳥監督は左打ちの一番打者。左バッターの究極のスタイルを極めたイチローの打撃論、フォームが教科書だった。

イチローの事実上の引退試合の一つとなった2019年3月の東京ドーム、シアトル・マリナーズ対巨人戦も観戦したという。羽鳥監督にとって、イチローの言葉で脳裏に刻まれているのは、「1万回以上の打席で4000安打を打っているが、6000回以上の失敗をしている」というもの。成功の陰には、多くの失敗がある。その失敗を、生かすも殺すも自分次第。生粋のイチローマニアは、失敗を恐れずに難局に立ち向かっていったのだ。ちなみに、2019年に誕生した羽鳥監督の第一子（長男）は、イチローと同じ誕生日だそうだ。

大学4年生の教育実習は、当初、母校の伊奈学園総合に行くことを予定していたが、六大学リーグ早慶戦と日程が重なることが判明、白紙になった。そのタイミングで、関東学園大附の教育実習の話が舞い込んできた。リーグ戦を終えた羽鳥監督は、大学4年の6月に初めて館林市の校舎へやってきた。英語の教育実習をする傍ら、野球部のサポートをすることになった。

関東学園大附は過去に一度だけセンバツに出場した実績はあるが、ここ数年は2、3回戦敗退が多いとだけ聞いていた。前情報もほとんどなく軽い気持ちでグラウンドへやってくると、ショートのポジションで軽快なグラブさばきを見せる選手がいた。話を聞くと、入学してきたばかりの1年生という。こんな選手がいるのか。その選手は、現在も社会人野球の名門・スバルでプレーする古川幸拓だった。そのほかにも可能性を感じる選手がいた。学校側が、野球部指導者を探していたこともあり、採用の話がとんとん拍子に進んだ。その春、伊勢崎市の祖母が亡くなっていたこともあり、祖母から群馬に呼ばれている気もした。

健大高崎から学んだこと

大学卒業後の2012年、英語教師として採用となり、その秋から正式に野球部の監督となった。23歳の県内最年少指揮官として話題を集めたが、野球部での最初の仕事は、ホウキやチリトリなどの掃除用具の購入、野球場周辺のゴミ拾い、グラウンドの石拾いなど。グラウンド整備からチーム指導に取りかかった。グラウンドに転がる小石をバックネット裏に積み上げていくと、マウンドほどの小さな山となった。

新人監督は、古川をはじめポテンシャルを秘めた選手たちを徹底的に鍛え上げた。そして、2013年の〝夏初陣〟で、高崎商、太田市商ら公立強豪を撃破し、強豪ひしめく上州のトーナメントを席巻。いきなりベスト8入りの快進撃をみせた。

羽鳥監督は「当時は恐いもの知らずで、ガムシャラに野球へ打ち込みました。教員、監督としては未熟だったと思いますが、とにかく必死になって選手を鍛え上げました。あのときの選手は、私のことが憎いと思っていたはずです。それくらいに、厳しい練習を課していきました」と述懐する。

瞬く間に進化を遂げたチームは、2015年夏季群馬県大会で準々決勝へ進出した。対戦相手は、「機動破壊」というインパクトある看板を掲げ全国屈指の強豪へと成り上がった健大高崎だった。試合は0対10の5回コールド負け。積み上げてきた自信が粉々になった。

羽鳥監督によると、この試合が大きなターニングポイントになったという。自信を持って作り上げてきたチームが、自分たちの力を何も発揮することができずに敗れた。監督就任後、群馬の高校野球シーンは健大高崎と前橋育英の2強時代へと変遷。その2校を倒さなければ、甲子園出場は果たせない。

「健大の選手たちが自ら考えて積極的にプレーしているのを見て、あのチームに勝つためには、指示待ちや、やらされている野球では絶対に無理だと思いました。いまの指導を続けていっても甲子園に行くことはできない。根性とか気合とかではな

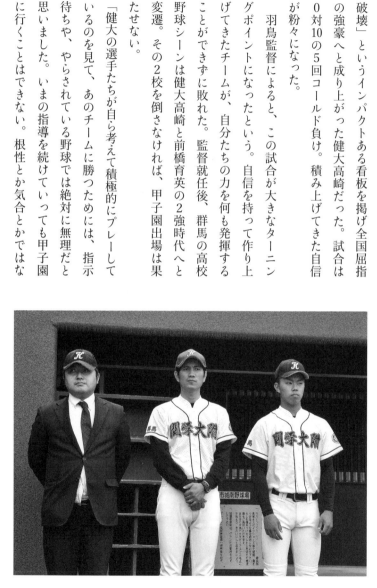

く、野球の質、練習の質を変えていかなければいけないと強く感じました」

それが、新たな指導の起点となった。チームは2017年秋季群馬県大会で羽鳥監督としては初めて県大会決勝の舞台へ進む。準決勝では、プロ注目のエース門馬亮(立正大)擁する藤岡中央と対戦。藤岡中央は、準々決勝で前橋育英を2対1で破りベスト4へ駒を進めるなど勢いに乗っていた。関東学園大附は投打がかみ合わずに8回表を終えて0対4、敗戦ムード濃厚だった。しかし、選手たちが諦めずに粘り強い戦いをみせ、8回裏に相手主戦・門馬から一挙5点を奪い、逆転勝利。指揮官は、選手たちの底力に驚きを隠せなかった。

「自分の采配がハマらずに何をやってもゲームが動きませんでした。そんな中で、選手たちが自ら考えて、工夫しながら相手投手を打ち崩してくれました。選手に助けてもらって初めて決勝へ進むことができました。それまでは自分が〝勝たせてやる〟という気持ちがあったのですが、〝選手と一緒に戦っていいんだ〟という気持ちになりました。肩の力が抜けた気がしました」

就任同期として二人三脚でチーム作りに尽力してきた関川直樹部長は「(羽鳥監督は)吸収することにとことん貪欲なタイプ」と表現する。実績の有無に関係なく、どんな指導者、どんな分野の人からも学んでいるという。野球観は、キャッチャー出身のせいか、まずは対戦相手をじっくりと観察する傾向がある。そして敗因をどこまでも追求していくストイックさを備える。

指導を見守る関川部長は「この10年間で彼もかなり変わってきました。最初の頃は『監督』だったのですが、試合を重ねるにつれてグラウンドでも『先生』に近づいてきていると思います。それが結果につながっているのかもしれません」と話す。関川部長は参謀として、羽鳥監督のサポートを続ける。二人の信頼関係も良好なチームマネジメントにつながっている。

次のステージは、夏の準決勝だった。2017年秋季、2018年春季群馬県大会準優勝の関東学園大附は2018年夏に初めて準決勝へ駒を進めた。相手は、前橋育英。羽鳥監督の見立ては、「相手はまだ調子が上がっていない。いまのチームだったら十分に戦えるだろう」だった。

しかし、ゲームが始まると、いきなり前橋育英が牙を向いて襲いかかってきた。初回にまさかの8失点。2番手投手の準備をする間もなく、次々にホームベースを踏まれた。結果は、3対13の6回コールド負けとなった。6回で途切れたスコアボードを遠くに見ながら、夏のセミファイナルの怖さを思い知ったと同時に、自身の甘さを痛感した。

翌2019年夏にも準決勝へやってきた。その秋のドラフトで巨人から4位指名されたエース左腕・井上温大を軸にする前橋商に対して、関東学園大附は継投で応戦していく。ゲームは9回を終えて2対2、延長12回の死闘となる中で最後はサヨナラ負けを喫した。甲子園への階段を登り詰めることができなかったが2年連続の夏準決勝敗退は、チームを次のステージへと押し上げた。

必要な情報を選手に届けるシステムづくり

高校野球は、1年勝負。夏を終えると次の世代の戦いとなる。これまでの関東学園大附は、学年ごとのチームの波が大きいことが課題の一つだった。中学生の生徒募集は、学力、地域的な問題など野球部以外の要素も複雑に絡み合ってくるため、一筋縄にはいかない。群馬県東南部で県境に近い関東学園大附は、県央部の学校に比べて地理的な側面などでハンディを抱えていると言える。羽鳥監督は、チームが抱える構造的な問題を悲観するのではなく、このチームを選んでくれた選手たち全員のアベレージを上げていくことで結果の均等化を狙っていった。2018年夏、2019年夏の2年連続県ベスト4進出は、その成果の表れだった。2020年はコロナ禍で球児にとっては練習が大幅に制限され、さらに甲子園大会が中止になるなど悲しいシーズンとなったが、そんな状況下でも選手は大地に根を張り、芽を伸ばした。

その一人が、プロ野球入りという強い意志を持って関東学園大附に入学してきた右腕・西濱勇星だった。入学当初は最速107キロだったというが、チームトレーニングに加えて、自宅でもフィジカルトレーニングに励むと、球速はみるみると上がっていった。外部コーチのトレーニング講習会にも参加して心技体の強化を図り、高校3年生時には最速146キロを記録。コロナ禍の特例で開催されたプロ志望高校生合同練習会に参加し、自己記録を更新する147キロをマーク。独立リーグ群馬ダイヤモンドペガサスに加入し、将来のNPB入りを目指している。西濱に影響を受けて、他の選手たちも能力を上げていった。選手たちはSNSなどからも積極的に学んでいる。

「いまはツイッターやYouTubeを見れば、元プロ野球選手が技術解析をしていますし、ダルビッシュ

選手など現役のメジャープレーヤーも、トレーニング方法や変化球の投げ方を公開している時代です。選手たちが多くの情報を得ている中で、指導者が昔のままではギャップが生まれてしまいます。逆に言えば、実績のある名門高校へ行かなくても技術を習得することが可能になります。これからの指導者の役割は、スマホ時代において選手が学ぶ環境を整えてあげること。多くの情報が氾濫する中で、情報を整理して、必要な情報を選手に届けていく必要があります。昔ながらの指導を、そのまま押し付けることだけはしないようにしています」

意欲あふれる選手たちのために指揮官は、自分自身も新しい情報を得ていかなければならないと考えた。フィジカルトレーニング、ビジョントレーニングなど各部門のスペシャリストをグラウンドに招くと共に、自分自身も知識を習得。根性論ではなく、体の仕組み、体の可動域を把握した上で理論的な指導に徹している。体の仕組みを理解することによってケガが減り、治癒も早くなったという。

「僕自身がトレーナーさんから学んでいます。選手の体をみることによって、求めるべきプレーが分かってきます。可動域が狭い選手に、そこを使う動きを求めても最初からできるはずがありません。可動域を広げる必要があればそのトレーニングを行った上で、次のレベルを求めていきます。全員に同じバッティングをさせるのではなく、選手の資質に適したプレーをアドバイスできるようになっています。それらによって指導アプローチが大きく変わっていきました」

２０２１年春現在、チームには背番号１の石原、背番号10の篠原ら球速１４０キロ以上を投げる２・３年生が４人も揃う。関東学園大附には、選手たちが力を伸ばすラボ（研究室）が完成しつつある。

羽鳥監督就任後、まだ健大高崎、前橋育英の２強を倒すことができていない。健大高崎には３敗、前橋育英にも３敗。現在の群馬県ではこの２強を倒さなければ、甲子園に到達できないことは十分に理解している。このラボが、２強撃破の突破口になる。

「いま群馬で結果を残している健大高崎や前橋育英と比較して、入学時の選手レベルに差があるのは事実です。だから、数年前まではレギュラーだけを鍛え上げて、なんとか食らいついていきました。でも、どうしても勝てませんでした。いまはトレーニング方法が確立されてきたことにより選手層が厚くなり、レギュラー９人だけではなく20、30人で戦うことができます。チームとして思い描いている野球が表現できれば、健大高崎や前橋育英を倒して甲子園に行けると信じています。イメージをいかに伝えて、体現できるかがポイントだと思います。高校野球は人生のハイライト。大事な時期に、選手たちを預かることに大きな責任を感じています。彼らのハイライトをより輝く時間にしてあげたいのです。まだ甲子園には届いていませんがチームとしては間違いなく成長していると確信しています。選手たちが指導者やトレーナー、ＳＮＳなどからいろいろな情報を得て、それをもとに目標と計画を立てて、そのために自分自身で行動していける環境を作っていきたいと考えています。それができればきっと甲子園に行けると信じています」

２０２１年春季群馬県大会優勝は、躍進のプロローグ。関東学園大附というラボで進化を遂げる選手たちが、夏の舞台で力を発揮したとき、甲子園への道が拓ける。夢ある革命は、群馬だけではなく全国の高校野球指導を根本から変えていく可能性を秘めている。

「凡事徹底」

第11章

前橋育英

荒井直樹

Naoki Arai

（あらい・なおき）

1964年8月16日、神奈川県横浜市生まれ。日大藤沢―いすゞ自動車。1996年に日大藤沢監督。2002年、前橋育英高監督に就任。2011年春のセンバツ大会初出場。2013年に夏甲子園初出場で全国制覇。甲子園出場計7回（センバツ2回、夏5回）。群馬育英学園職員。現役時代のポジションは、投手・内野手。

新時代のファンファーレ

2013年夏、甲子園が熱く燃えた。荒井直樹監督率いる前橋育英は、2年生の大型右腕・髙橋光成（西武）をエースに据えて、夏の甲子園初出場を決めた。群馬県大会決勝の相手は東農大二だったが、その2番・遊撃手には周東佑京（ソフトバンク）がいた。堅守を武器に決戦へ挑んだ前橋育英はエース髙橋の魂のピッチングによって3対0で勝利、人情派指揮官は敷島球場で初めて宙を舞った。

夢にまで見た甲子園。勢いもろともに聖地へ乗り込んでいくと1回戦・岩国商戦（山口）でエース髙橋が9連続を含む13奪三振の1対0完封ショーを演じてみせる。それは伝説の始まりだった。2回戦で樟南（鹿児島）、3回戦で横浜（神奈川）に勝利しベスト8へ。期待がにわかに高まっていく。準々決勝・常総学院（茨城）戦で

は9回2死まで0対2だったが、崖っぷちから執念で同点に追いつくと延長戦を制してミラクル勝利。準決勝では日大山形（山形）戦を4対1で下して、ついに決勝へ辿り着いた。日大山形での守備は秀逸だった。

決勝の延岡学園（宮崎）との一戦は一進一退の攻防となる中、3対3で迎えた7回に指揮官の次男・荒井海斗主将が三塁線を破る勝ち越し打。4対3とリードした9回に無死1・2塁のピンチを迎えた。マウンドに集まる選手たちに荒井監督が伝令で送った言葉は「オマエたちの守備力をみせてやれ」。県大会から甲子園まで、幾多のピンチを鉄壁の守備でしのいできた。受け身ではなく攻撃的な守備。毎日のノックで培った力。それこそが前橋育英の野球だ。指揮官の言葉に奮い立った選手たちは、捕手・小川駿輝のファールフライ好捕などで2死を奪うと、最後はエース髙橋が渾身のフォークで空振り三振を奪って雄叫びを上げた。震えるスタンド。歓喜の瞬間は、

群馬県高校野球界にとって新時代のファンファーレだった。ここから上州の高校野球は、群雄割拠の戦国時代へ突入していくことになる。

当たり前を当たり前に

夏甲子園初出場で初優勝を遂げたチームだが、荒井監督の人情指導に加えてアルプススタンドにたなびく横断幕が一躍脚光を浴びた。チームは、荒井監督就任以来、横断幕に書かれた、この言葉と共にずっと戦ってきた。この言葉がすべてと言って良いかもしれない。

「凡事徹底」

前橋育英の部室窓には、印字された「凡事徹底」のスローガンが貼られている。そして、その4文字の下には「本物とは、中身の濃い平凡な事を積み重ねること」と書かれている。授業を終えて部室にやってくる選手たちは毎日、このスローガンに触れ、その意味を考えながらグラウンドへ飛び出していく。

当たり前のことを当たり前に。だれにでもできることを、だれにもできないくらい徹底していく。前橋育英全国制覇の要因は、「凡事徹底」を追求することによって確立された盤石の守備だった。

甲子園での6試合で重ねたアウトは、努力の賜物。送りバントすら許さない鉄壁の守りは、日々の基本練習の積み重ねによって築かれた。相手の送りバントに対して、サード荒井が猛然とダッシュ。2塁で憤死したランナーは首を傾げてベンチへ戻っていく。この守備を見せられたらバントのサインを躊躇する。ヒッティングに出た相手はことごとくダブルプレーとなった。

荒井監督は「全国制覇を果たしたチームは周囲から『谷間の世代』と呼ばれていました。現にピッチャーは、2年生の光成（髙橋）がエースでしたし、チームとしての力自体はなかったのです。ただ、彼らは自分たちが強くないということを自覚していて、ひたむきに努力することができて、束になって戦うことができました。強打者がズラリと並ぶようなスターチームは簡単には作れませんが、守備を主体としたチームは、毎日の練習によってどの学校でも作れる可能性があります。スター選手がいなくても、チームは戦うことができる。もしかしたらスターは必要ないのかもしれません。それは組織や会社でも同じではないですか。我々はエリートではなく雑草の集まり。できないことをやるのではなく、できることを追求していきます。選手たちが小さな努力を積み重ねたことによって全国制覇を成し遂げることができました」と振り返る。

雑草は何度踏まれても立ち上がる。前橋育英は「凡事徹底」というスローガンを甲子園の舞台で体現し、深紅の大優勝旗を群馬へと持ち帰ってきた。

あれから8年、2度目の全国制覇を目標に掲げる今の部員たちは、その理念を胸に練習に取り組んでいる。「凡事徹底」は、苦しいときに立ち戻れる〝場所〟だ。

本物とは平凡を積み重ねること

荒井監督は1964年神奈川県横浜市生まれ。高校はエースで4番として日大藤沢（神奈川）でプレー、1学年下には、プロ野球・中日で50歳までプレーした通算219勝左腕・山本昌がいた。最終学年時には、山本昌とのダブルエース体制だった。1982年夏の神奈川県大会では、2試合連続でノーヒットノーランを達成。準々決勝でY校こと横浜商に惜敗し、甲子園出場はならなかった。

高校卒業技は社会人いすゞ自動車へ加入し、ピッチャーで3シーズンプレー。結果が出なかったためラストチャンスで打者に転向。恩師と崇める二宮忠士臨時コーチから「ワンバウンドとデッドボール以外は全部振れ。地球がひっくり返るくらいまで振ってみろ」との指令を受けると打撃の才能が開花。このときに初めて、コーチの大切さを知った。

プロスカウト陣が視察に訪れるほどに成長したが、実力は自分が一番わかっている。プロ野球は選択せずに13年間プレーし、都市対抗野球に7年連続出場。現役引退後に母校・日大藤沢の監督となった。社会人野球の経験を還元しようと母校へ戻ったが、生徒がついてこなかった。日大藤沢は前年の1995年に甲子園に出場。そのレギュラーが5人も残っていた。1996年夏の神奈川県大会は決勝まで進出したが、手応えはまったくなかった。選手たちの練習ボイコットもあったという。「現役を辞めてすぐに母校の監督になったのですが、指導経験もなかったので苦しいだけの日々でした」。そのタイミングで前橋育英コーチの話があり、新天地で出直すことを決めた。そしてコーチとして3年間の経験を積み、2002年に監督となった。

スローガン『凡事徹底』を心に貼る

荒井監督が「凡事徹底」という言葉に出会ったのは、母校・日大藤沢の監督に就任した1996年ごろ。指導に悩み、多くの指導書に目を通す中、たまたま目にした雑誌で見つけたという。そして、その言葉を調べていくと、イエローハットの創業者・鍵山秀三郎氏が訓示として使っていたことを知る。いくつかの書籍を読み、その意味を心に焼き付けた。「当たり前を当たり前に」、「本物とは中身の濃い平凡な事を積み重ねること」は簡単なようで難しいように感じた。日大藤沢指導時代は苦しかったため、この言葉が妙に響いた。そして前橋育英の指揮を執ることが決まったとき、「凡事徹底」がふと脳裏に浮かんできた。そしてスローガンとして掲げた。

前橋育英でのスタートは決して順調ではなかった。監督2年目の2003年夏は群馬県大会で準決勝へ進出。1999年に全国制覇を果たした福田治男監督率いる桐生第一相手に9回まで4対3で勝っていた。だが、9回裏二死走者なしからヒットと四球で1・2塁にされると、そこから2連打を浴びてサヨナラ負けを喫した。

「9回裏二死になったとき、心のどこかに『勝った』という隙があったと思います。明日の決勝は、どう戦っていこうかといったことも頭をよぎりました。それがあの結果につながってしまいました。100メートル走に例えれば、ゴールは100メートル地点ではなくて、その先の105、110メートルに設定しなければいけない。野球はサヨナラ勝ちを除いて、自分たちがアウトを取ってゲームセットになるスポーツです。最後まで守って、終わりなのです。時間で試合がタイムアップになる競技や、得点を取って勝負が終わる競技とはまったく違っています。最後のアウトを取るまで終わらないということを実戦で教えてもらいました。高校野球の難しさ、群馬で勝つことは簡単ではないと思いましたね。ただ、就任2年目で準決勝まで行けたので、甲子園は近い場所にあるのではないかと感じました。でも、夏はそこから10年間も勝てなかったのです」

2007年は準決勝で桐生第一に敗戦、第1シードで臨んだ2008年夏は準々決勝で樹徳に9回逆転で敗れた。私学強豪がひしめく群馬県大会で、期待されながらも結果が残せず、部員と一緒に悔し涙を流し続けた。

周囲からは「指導が優しすぎる」「この監督では勝てないのではないか」という声が聞こえてくるようになった。指揮官は、試合で敗れるたびに「凡事徹底」のスローガンをあちこちの壁に貼り、選手を鼓舞し続けた。

「最初のころは、結果が出ないともっと厳しく練習をやらなければいけないと思って試行錯誤を繰り返しました。このスローガンが本当に根付いていくのか不安でいつも悩んでいたのです。そんな中でスローガンは壁に貼るのではなく、選手の心に貼らなければいけないことに気付きました。そして、言葉の意味を知ることだけで満足するのではなく、行動に移さなければいけないと感じました」

そしてチームは2010年の秋季群馬県大会で優勝し関東大会へ進むと、ベスト8へ進出。センバツ出場は微妙な立場だったが、東京・日大三がその秋の明治神宮大会で優勝し、東京・関東の出場枠が増えていた。選考会の結果、前橋育英にセンバツ切符が届くことになった。準々決勝の東海大相模戦、4対8で負けている状況で、9回に1点を奪ったが、その1点が重要だったという。

「4対8の4点差で負けるのと、5対8の3点差では印象が大きく違ってきます。結果的には控え選手が打ってくれたホームランが大きかった。関東大会でベスト8だったので本来であれば難しい状況だったのですが、他力本願によってセンバツ出場が巡ってくることになりました。センバツ出場があったから監督を続けることができましたが、そこまでの10年間の成績を考えればいつ辞めていても、おかしくなかったと思います。選手に救われたと思っています」

ターニングポイントになったのは、全国制覇を成し遂げたチームが始動した2012年の秋だった。新チーム結成時に、選手同士が自主的にミーティングを開いて話し合っているのをみて、荒井監督はあるアイデアを思いついた。それは、部訓のほかに、選手スローガンを作ること。それまでは「凡事徹底」という言葉だけだったが、選手たちのスローガンを取り入れることにした。選手たちは、自分たちの現状を見つめ直し「雑草心」という言葉を選んだ。

さらに、「打球方向の声」、「けん制バックの声」、「事前プレーの確認」、「内外野の声の連係」という「4つの決め事」を選手とともに決めた。部訓「凡事徹底」、選手スローガン「雑草心」、「4つの決め事」という、揺るぎない道標を確立。その夏、悲願の全国制覇を成し遂げたのだ。

チームは毎年、新チーム立ち上げ時に選手ミーティングを実施し、その年のスローガンを決めていく。自分たちの強み、特長などを見つめ直すことで、方向性が定まるとい

う。2021年のチームスローガンは「一心～全員が団結し、日々日本一の取り組みを積む～」。選手たちは心をひとつに、チームをひとつに、一心不乱に戦っていく。

ライバルの存在が自分を成長させる

前橋育英は2011年のセンバツ初出場を成し遂げると、2013年に夏の甲子園初出場初優勝の快挙を成し遂げた。その頃を境に、群馬県高校野球の勢力図は変わっていくことになる。1999年に群馬県勢初の全国制覇を果たした桐生第一が2010年まで台頭し、前橋商などが追う状況だったが、2011年春に前橋育英がセンバツ出場を決め、その夏に健大高崎が甲子園初出場を果たす。2012年のセンバツでは健大高崎がベスト4へ進出、2013年夏に前橋育英が全国制覇を達成した。同年からは夏の群馬県大会は、前橋育英と健大高崎の「2強時代」へ突入していく。

【2013年以降の全国高校野球選手権群馬大会優勝校と甲子園結果】
2013年　前橋育英　優勝
2014年　健大高崎　ベスト8
2015年　健大高崎　3回戦

2016年　前橋育英　2回戦（初戦敗退）
2017年　前橋育英　3回戦
2018年　前橋育英　2回戦
2019年　前橋育英　1回戦
2020年　桐生第一　（選手権開催中止で独自大会）

前橋育英は全国優勝の翌2014年に、3年生になった高橋光成を擁して連覇を狙うも、3回戦で健大高崎と対戦し2対6で行く手を阻まれている。2015年夏は、第1シードで挽回を期したが初戦の2回戦で樹徳に敗れている。チームが2度目の夏甲子園を決めたのは、中学時代に全国制覇を見て入学してきた、小川龍成主将（ロッテ）世代の2016年。上昇気流に乗ったチームは、そこから夏4連覇を果たすことになる。

その後、前橋育英対健大高崎のライバル対決は、群馬の覇権をかけた戦いとなっていった。その状況下で、前橋育英は健大高崎を圧倒していく。2015年春から、コロナ禍前の2019年秋までの10試合で9勝1敗。2016～2018年は夏決勝で対戦し3連勝。チームは2019年夏決勝で前橋商に勝利して史上初の県4連覇を成し遂げている。

「2018年決勝の健大高崎戦は、監督人生で最も感動した試合の一つでした。全国レベルの選手を揃える相手に対して、正直、うちは小粒な選手ばかり。予想通りに難しいゲームになりましたが、選手たちから諦めないことの大切さを教えてもらいました。選手たちの成長した姿をみて、思わず涙があふれてきました」

前橋育英は、健大高崎の「機動破壊」を封じることで勝利を手繰り寄せていることが分かる。2016～2018年の決勝3試合では、健大高崎の盗塁は各1回ずつ。2016年決勝は相手のお株を奪うかのように5盗塁を決めて8対4で延長勝利。2017年決勝は、エース皆川喬涼（中央大）、投打の二刀流・丸山和郁（明治大）らが力でねじ伏せた。2018年決勝は、2対5と劣勢になったが8回に3点を奪って同点に追いつくと、9回裏にサヨナラ勝利。戦力は健大高崎が上回っていたが、総力戦で甲子園切符をつかみ取っている。健大高崎の機動力を止めるためには、どんな練習をするのか。

「うちは特別なことはやっていません。基本的な考えとして、盗塁は、ピッチャーがクイックで投げて、キャッチャーが普通に送球すればアウトになります。普段の練習からそれができていれば、相手が走ってくれれば逆にラッキーと考えることができます。そこでアウトが取れれば流れが変わりますし、チームが勢い付きます。健大高崎の試合ではそういう流れが多いと思います。ランナーをつけたノックでは、走者役の選手たちが手を抜かずに走ることで守備が鍛えられます。その意味ではチーム全体で行う日々の練習が、対策になっているのかもしれません」

コロナ禍で甲子園大会が中止になった2020年夏独自大会準決勝は9対11、そして2020年秋季群馬県大会準々決勝では7対10で敗れている。その理由は明白だ。チームの武器であった守備が乱れて、不用意な失点を重ねていること。ライバルとの連敗は、チームの原点をあらためて見つめる格好の機会になっている。

健大高崎には地元をはじめ全国各地からも選手が集まっているが、前橋育英は地元選手が多い。荒井監督は、健大高崎について「いまの健大高崎さんが大型ショッピングセンターだとすれば、うちは地域商店だと考えています。同じ舞台で勝負をしたら戦いにならないので、長所をしっかりと磨いて勝負するしかありません。健大高崎さんに限らず、群馬で共に戦うライバルチームの存在が刺激になっているのは間違いありません。切磋琢磨することでお互いに進化できると考えています」。今後もライバルの存在がチームを成長させていく。

荒井監督は、怒らない指揮官としても知られている。高校野球にはいろいろな指導があるが、就任時からいまのスタイルを貫いてきた。勝てない時代は、「甘い」「だから勝てない」と陰口を叩かれることもあったというが、信念は曲げなかった。指導に答えはない。何事も勝つまで続けることによって正解が見えてくる。正解を待つのではなく、自分自身で正解にしていく執念が求められているのかもしれない。

野球にエラーは付き物。プロ野球の世界でもミスが生じる。それを咎めていれば選手は萎縮してしまうし、ゲームにも影響が出る。指揮官は、グラウンドレベルのミスに対して、口を尖らせることはない。し

かし、グラウンド外のミスに対しては、野球人として指導を行っていく。

普段の練習場でも温和な表情をみせているが、カミナリが落ちたこともあった。

大会が近づく中での紅白戦。選手たちはメンバー入りの可能性を追求して、ゲームに臨んでいた。チームメートは仲間である一方で、背番号を争うライバルでもある。緊迫のゲームが演じられていたが、突如、指揮官が試合を止めて、選手たちを集めた。投手陣の制球が乱れてゲームが停滞していたため、それに対する指導と思われた。しかし、内容はまったく違っていた。荒井監督は選手たちに向かって「ピッチャーが苦しんでいるのに、ほかの選手たちは何をやっているんだ。メンバーを争うライバルかもしれないが、一緒に戦う仲間だ。その仲間にサポートの声が掛けられないならば、大会に出る意味がない。今日は、紅白戦をやめる。みんなでしっかりと考えろ」

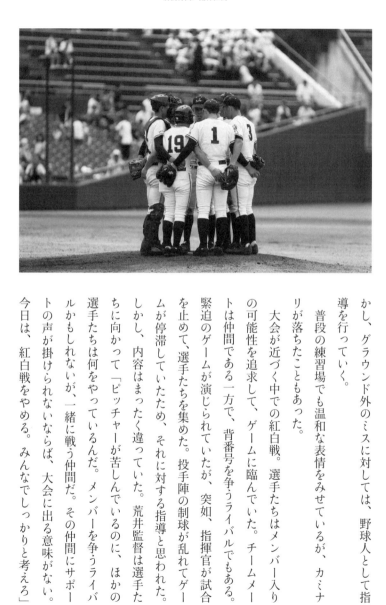

と言葉に力を込めた。野球は個人競技ではなく、レギュラー9人だけでは絶対に勝てない。部員全員がひとつになって戦っていく必要がある。練習は技術を高めると同時に、選手同士の絆を深める場でもあるのだ。

荒井監督は、選手たちとのコミュニケーションツールとして「野球ノート」を採用。空き時間を利用して、選手たちのノートにびっしりとアドバイスを書き込んでいく。前橋育英は3学年合わせて77人。監督と選手は「1対77」ではなく、「1対1の77通り」と説く。一人ひとりと向かい合うことで理解が深まり、それがチームになっていく。チームは大地に根を張る一本の木。選手たちの努力が根となり、太い幹を作っていく。広く深く根を張ることができれば、そう簡単には倒れない。

何度でも立ち上がる

2021年、前橋育英は再び壁にぶつかっている。2020秋季群馬県大会は準々決勝で健大高崎に7対10で敗れて、センバツ出場が消えた。投手陣を含めた守備で耐えることができずに得点の奪い合いの末に敗れている。2020年夏の独自群馬県大会でも健大高崎に9対11で屈しているが、乱打戦では分が悪い。前橋育英らしい戦いに持ち込めなかったことが健大高崎戦2連敗の要因か。2021年春季群馬県大会は、主軸選手が負傷欠場している状況下、3回戦で太田に敗れた。4回に四球を与えてランナーを貯めると長打を許して7失点。相手の勢いを止めることができずに3対10の7回コールド負けになった。公立校からの敗戦は２０１７年秋以来、４年ぶりだった。

指揮官は「健大高崎を倒さなければいけないと、先を見てしまった部分があります。見えない敵を意識したあまり、目の前がおろそかになってしまいました。私を含めてチーム全体に、勝てるだろうという勝手な思い込みがあり、それが敗戦につながってしまったと思います。野球は甘くないです。自分の未熟さをまた感じました」と振り返る。

ただ、指揮官は敗戦を受け止める一方で、選手たちに手応えを感じていた。試合当日、前橋育英はメンバー外の選手もミーティングに参加するため、部員全員が試合前に河川敷に集合する。試合メンバーはウォーミングアップに入っていくのだが、メンバー外の選手が自発的にゴミ拾いを始めたという。選手たちは朝の散歩で学校周辺のゴミ拾いをするのがルーティンになっているが、試合前の控え選手の行動をみて指揮官はチームの成長を感じた。

「試合に出ない選手たちが河川敷にゴミが多いのに気づいて行動してくれました。太田戦では負けてしまったのですが、試合に出ない選手たちが地域のための行動ができたことを誇りに思いました。春は結果を出してあげることができませんでしたが、夏に勝たせてあげたいチームだと思いました」

荒井監督は、技術のある選手だけを求めているのではなく、一緒にプレーしたい仲間を求めている。それが前橋育英の基準だ。

前橋育英指揮官就任から２０２１年で20年を迎えようとしている。この20年で最後に笑って終われたのは、全国制覇を果たした2013年夏だけ。残りの19年は、悔し涙で終わっている。全国制覇の2013年から時間が経過していく中で、再び敗戦の悔しさが積み重なっている。勝負の世界に身を置く以上、敗戦は宿命だ。荒井監督は、学校職員の立場で野球に携わっているため、逃げ場はない。指揮官は「凡事徹底」を拠り所に、ぐっと堪えて、次への一歩を踏み出す。

「負けながら、進んでいくしかないと思います。できなくて当たり前。だから練習するし、言い続けなければいけないと思います。同じことを1000回言って、それでも分からなかったら1001回目を言うのが指導者の役割。選手たちは、1000回同じことを言われても『知っている』とか『できている』で済ませずに、その言葉を素直に受け止めて、自分の行動を見直せる選手になってほしい。その先には、まだ知らないことがあるかもしれません。拒絶をしてしまったら、そこで思考が止まってしまいます。『凡事徹底』とは、当たり前の先にあるものを探す方法なのかなと。『凡事徹底』というスローガンが、卒業後も選手たちの心のどこかに残っていてくれたら、指導者としてはそれが一番うれしいです。指導者はやればやるほど難しいと感じます。いまだに試行錯誤ですが、ただ一つ言えるのは、すべてが基本の積み重ね。『凡事徹底』を再び追求していった先に、また甲子園が迎えにきてくれるような気がします」

次なる全国制覇への道は、選手の心を育てる旅路だ。

おわりに

野球小僧だった。学校が終われば少年野球の練習に行き、夕食後は夜な夜なバットを振った。暇さえあれば近所の空き地に出かけ、壁にボールをぶつけていた。父が野球好きだったこともあり、テレビではプロ野球が流れ、自宅にはスポーツ新聞が毎朝届いた。夏は、高校野球の結果をすべてチェックし、切り抜き記事をノートに貼っていた。小学校6年生のとき父が病に倒れた。入退院を繰り返し、母が看病に追われる中で、野球への情熱が一気に冷めた。父は、私が中学3年生のときに他界した。それから野球とは敢えて距離を置いていた。同級生が高校野球の舞台で活躍するのも傍観していた。

社会に出たあと、どうしても書く仕事がしたくて、何度か転職を重ねて、地域紙会社に見習い待遇で拾ってもらった。最初の仕事は営業補助。多くの書物を買いあさり、独学で記事の書き方を学んだ。

そこで高校野球取材に出会った。仕事がつらいと感じない。天職だと思った。地域紙記者時代は、高校野球取材を長く続けさせてもらっていた。高校野球シーズンには特別号を作り、イベントなども企画した。反響の大きさが、やりがいだった。

甲子園は、新幹線を駆使すれば群馬からギリギリ日帰りで行ける距離。夏は、毎年、甲子園に駆けつけた。２０１２年、高崎が31年ぶりのセンバツ出場を果たし、健大高崎がセンバツ初出場となったときも甲子園にいた。高崎の1回戦・近江戦は悪天候によって2度延期になり、大応援団と共に宿探しに四苦八苦した思い出がある。その春、健大高崎はセンバツ初出場でベスト4進出を果たす。気づけば、目の肥えた甲子園の高校野球ファンに対して「群馬の高校は強いでしょう」と話しかけていた。

翌2013年、2年生エース髙橋光成を擁した前橋育英が夏甲子園初出場で初優勝を成し遂げることになる。準々決勝では常総学院に9回2死まで0対2。崖っぷちまで追い込まれたが、そこから奇跡のような逆転劇。決勝戦・延岡学園では、一塁側スタンドを埋めた群馬の大応援団の景色を見たときに目頭が熱くなった。全国制覇の瞬間をカメラに収めるため、400ミリの望遠レンズを構えたときには自分の手が震えた。あの熱狂は脳裏に鮮明に焼き付いている。全国の舞台で戦うことができる指揮官、選手が輝いてみえた。

その頃から、会社を辞めて独立したいと考えるようになった。そして2015年に辞表を出した。父が他界した42歳と同じ年齢だった。人生は一度だけ。後悔だけはしたくなかった。チャレンジした先の失敗であれば、諦めがつく。

県単位の枠から抜け出して、全国で勝負したい、勝負できると思った。それが、自惚れだったと悟ったのは退社したあとだった。待てども待てども、仕事が来ない。

都内のいくつかの出版社を飛び込みで回ったが、すべて丁重に断られた。

書く場所がなければ自分で作るしかない。周囲の協力を得ながら自分たちで媒体を作った。群馬県内の高校野球の監督たちの元へ行き、無理を承知で助けを求めた。実績も看板もない自分に、多くの監督たちが協力してくれた。温かい言葉を受け、グラウンドの隅で目頭を押さえたこともあった。その恩返しとして、いつか、監督たちの物語をまとめた本を書きたいと思った。各章の記事は、監督たちへの礼状のつもりで書いた。この「あとがき」で、すべての原稿執筆が終わるが、いま寂しさがこみ上げてきている。こんなにやりがいのある仕事を作ってくれた出版社、そしてサポートしてくれた仲間には感謝しかない。監督たちの生き様をまとめた本が、未来ある子供、学生たちの夢を育むための一助になれば幸いだ。そして、監督取材をライフワークとして続けていくことをこの場を借りて記させてもらう。

最後になるが、この本を、亡き父に捧ぐ。

2021年6月18日
伊藤寿学

著者 PROFILE

伊藤寿学

Hisanori Itou

（いとう・ひさのり）

1973 年群馬県生まれ。元朝日新聞・群馬版「朝日ぐんま」編集長。 2015 年に退社し、フリーライター。群馬県・東京都でスポーツを中心に取材活動を行う。高校野球取材歴は 15 年以上。群馬県内の高校野球各監督とは公私の付き合い。編書に、前橋育英サッカー部山田耕介監督の著書『前育主義』（学研プラス）、著書に、ザスパクサツ群馬の社長奮闘記『乾坤一擲ザスパクサツ群馬社長・奈良知彦「人生最後の大勝負」』（内外出版社）。J リーグオフィシャルライター。月刊高校野球チャージ専属記者、サッカー紙エルゴラッソ契約記者。

協力：青柳博文／福田治男／境原尚樹／住吉信篤
井達誠／岡田友希／今泉壮介／清水哲也
小暮直哉／羽鳥達郎／荒井直樹

特別協力：健大高崎／利根商／高崎／前橋商
樹徳／太田／桐生第一／渋川青翠
前橋東／関東学園大附／前橋育英

隠れた高校野球王国・群馬
監督たちの甲子園
上州から〝聖地〟を目指す11人の指揮官が語る勝利マネジメント術

二〇二一年七月十二日初版第一刷発行

著　者：伊藤寿学
発行人：後藤明信
発行所：株式会社 竹書房
〒一〇二-〇〇七五
東京都千代田区三番町八番地一
三番町東急ビル六階
E-mail info@takeshobo.co.jp
URL http://www.takeshobo.co.jp

印刷所：共同印刷株式会社